互联网产品运营

产品经理的10

丁华　聂嵘海　王晶

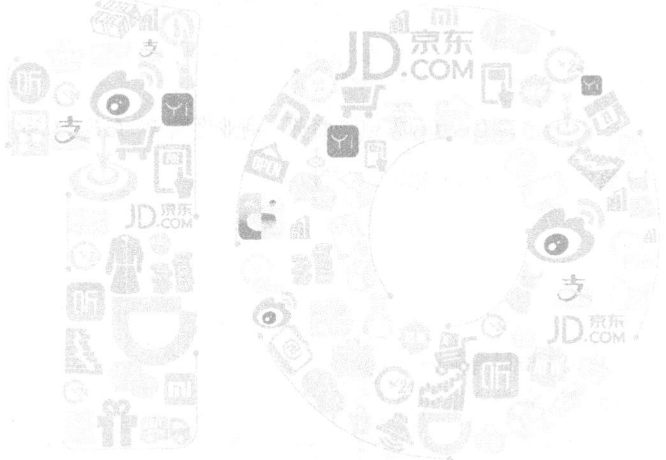

電子工業出版社
Publishing House of Electronics Industry
北京•BEIJING

内容简介

《互联网产品运营：产品经理的10堂精英课》共有10章，前9章分别从互联网产品运营的9个点入手，最后一章辅以案例，分析当下市场热门产品的运营模式。

第1章点明在运营产品之前需要经过缜密的策划，这样才能有明确的运营方向；第2章讲述产品运营的定位，有了准确的定位，运营才不会走偏；第3章描述用户运营，用户是一款产品的根本，没有用户，产品就是死的；第4章讲述内容运营的技巧，产品内容要怎么运营才能受到用户喜爱，才能提高用户黏性；第5章陈述活动运营的重要性，如何策划产品活动，如何推广、营销产品，产品才能被用户看到；第6章阐明数据对产品运营起到的作用，如何利用数据才能帮助产品正确运营；第7章说明产品运营需要不断改进和优化，才能给用户绝佳的体验感；第8章描绘产品运营的生命周期，产品发展的阶段不同，运营的方案也有所不同；第9章解释团队对产品运营的重要性，要做好运营，首先就要有一支优秀的运营团队；第10章陈列各大行业的热门产品，让读者能从真实的案例中把握产品运营的技巧。

本书适合互联网产品经理、运营、营销人员阅读。

图书在版编目（CIP）数据

互联网产品运营：产品经理的10堂精英课 / 丁华，聂嵘海，王晶著. —北京：电子工业出版社，2017.5

ISBN 978-7-121-31295-3

Ⅰ. ①互… Ⅱ. ①丁… ②聂… ③王… Ⅲ. ①电子商务－商业经营 Ⅳ. ①F713.36

中国版本图书馆CIP数据核字（2017）第072297号

策划编辑：张彦红
责任编辑：徐津平
特约编辑：赵树刚
印　　刷：涿州市般润文化传播有限公司
装　　订：涿州市般润文化传播有限公司
出版发行：电子工业出版社
　　　　　北京市海淀区万寿路173信箱　　邮编：100036
开　　本：720×1000　1/16　印张：14.75　字数：284千字
版　　次：2017年5月第1版
印　　次：2022年2月第10次印刷
定　　价：59.00元

凡所购买电子工业出版社图书有缺损问题，请向购买书店调换。若书店售缺，请与本社发行部联系，联系及邮购电话：（010）88254888，88258888。

质量投诉请发邮件至zlts@phei.com.cn，盗版侵权举报请发邮件至dbqq@phei.com.cn。

本书咨询联系方式：010-51260888-819，faq@phei.com.cn。

前言

从新手产品到寡头产品，100% 产品 +100% 运营

每天都有新的互联网产品在推出，但是成功的却少之又少，这是为什么？很简单，就是推出新产品的这家公司不懂得运营。运营对一个产品来说到底有多重要？我们可以看看当时在即时聊天领域厮杀得昏天暗地的 MSN、飞信、ICQ，几乎当时所有的互联网巨头都推出了即时聊天产品，但是最后成功的只有 QQ。为什么其他产品都没有成功？究其原因，就是这些产品运营不到位。

有些人不理解产品和运营的关系，我们可以做一个简单的比喻——产品就像歌手，运营就好比经纪公司。歌手有自己的先天优势和潜质，产品也是。在唱片业不发达的早期，一名好歌手可以很容易地被广大群众所认识并且喜爱；但现在不同了，歌手必须被营销和包装。就像《天天向上》主持人大张伟说过的一句话："在 20 世纪 90 年代，一年可以红四五十首歌，只要推出新歌基本上就能红，而现在四五年都红不了一首歌。"互联网行业也是如此，现在的互联网行业日趋成熟，产品领域众多，每天都有几十款新产品在推出。酒香也怕巷子深，所以运营的目的就是让有实力的歌手被大家熟知，让这名歌手的歌进入市场。

产品和运营之间的关系是相互的，主要表现在以下三个方面：

（1）产品素质决定运营的发挥余地。产品的质量、潜力和方向在产品规划初期就已经成型，产品的基础素质决定了运营的工作强度，好的产品运营起来

更轻松。但是如果运营不到位，那么产品再好也会被搞砸，比如Buzz。运营得好，普通产品也可以化普通为神奇，比如天涯和猫扑。

（2）运营发掘产品潜力，提高产品素质。在产品运营的过程中，因为商业化目标会对产品有需求，这些需求可以让产品获得更大的提升空间，并且不断改进产品的体验和质量。就像歌手根据市场推出新歌来取悦歌迷。运营做得好，可以把一个产品的普通功能发挥到极致。比如豆瓣，豆瓣的相册功能就非常简单，体验感也不是很好，但是现在却变成了豆瓣UGC内容的一个重要组成部分。

（3）产品和运营缺一不可，不能割裂。运营能促进产品的更新换代，为产品拓展新的发展方向，而新升级的产品空间则能给运营带来更多资源。产品和运营是不可割裂的，它们是相互联系的整体。

盛大网络内部流传一句话："产品不足运营补"，足以证明运营的重要性。但这句话并非对所有的互联网产品都适用。一无是处的产品，不管怎么运营，不管什么样的运营高手，也无法让产品死而复生。永远不要以为自己产品的设计完美到无须运营。要让一个新产品做到寡头产品，只有一种模式，那就是100%产品+100%运营。没有好产品，如何运营也成不了寡头产品；没有好运营，产品再好也成不了寡头产品。

目录

2 产品定位要明确，“大而全”不如“小而精” /18

很多人认为产品定位与市场定位是同一个概念，其实二者是有很大区别的。市场定位是指企业对目标消费者或目标消费者市场的选择；而产品定位是指企业应用什么样的产品来满足目标消费者或目标消费市场的需求。

3 用户运营是根本，挟用户才能“令”诸侯 /49

互联网时代，用户是互联网企业最重要的资产。谁能了解用户、成功俘获用户，谁就能成为“快鱼吃慢鱼”时代的快鱼，谁就能成为“挟用户令诸侯”的那个诸侯，否则你就注定成为“成王败寇”中的那个败寇。

对内容运营的核心我们就可以这么理解：通过生产和重组内容的方式去满足用户的内容消费需求，提升产品的活跃度，以及对品牌的认知度。

每时每刻都有企业在为产品举办各种各样的活动，用户也早就看惯了各种各样的产品活动，可以说一般的产品活动已经很难激起用户的兴趣，因为用户对产品活动已经开始进入审美疲劳阶段。

在数据化运营阶段，数据就产生价值，你有意识地用它，但却没有关注它。而当你发现数据已经和战略融合后，你才认识到要有意识收集它、管理它。

7 产品运营要优化，发现问题解决问题 / 159

曾有人提出用户体验三准则："别让我等，别让我想，别让我烦"。比如打开页面过长，就会导致50%的用户离开；多一个注册程序，也会导致用户离开。所以，性能优化的第一步就是设定"一切为了用户体验"的优化目标。

8 产品运营有周期，不同阶段不同方案 / 177

处在种子期的产品要简单、核心功能明确，因而针对的用户就不能广泛，因为处在种子期的产品的功能满足不了他们，将目标用户范围定得太广，反而会失去先机。

在团队建设中有人做过调查，问团队成员最需要领导做什么，80%的人都希望有一个清晰明确的目标，从中可以看出目标在团队建设中的重要性。

如今的新浪微博显然已经无敌，成为名副其实的寡头产品。那么，新浪的微博团队又是如何将之运营到如今的地位的呢？

1

产品运营要策划，有策划才有方向

日本策划家和田创认为，“策划是通过实践活动获取更佳效果的智慧，它是一种智慧创造行为”。确实，产品运营也是如此。在运营产品之前做好策划，可以让产品运营获得更好的效果。

1.1　什么是互联网产品运营策划

什么是互联网产品运营策划？其实很容易理解，互联网产品运营策划就是一个产品的总设计师针对不同的行业、不同的企业设计出一款产品，包括产品设计前的定位与包装、产品完成后的运营方案。

互联网产品运营策划就像电影行业中的导演与编剧，他需要统筹指导整个产品的业务逻辑，清晰地指导影片中的每一个分镜；获取业务需求，编写产品执行策划文档指导，也就是编写剧本；选择合适的项目组成员，如寻找演员、摄影师、影视后期编辑、声效师、道具等；在产品开发过程中承担一定的用户测试工作，就是观看影片剪辑。

互联网产品运营策划就是对从产品的开发到产品的推广过程再到产品的后期沉淀的一个总的统筹。

1.2　竞品分析策划

产品经理会通过竞品分析为自己制定产品规划提供依据，同样，产品运营可以通过竞品的调研为自己的工作提供帮助。初创企业可以通过竞品分析快速熟悉市场，成熟企业可以通过竞品分析掌握互联网产品运营新玩法和优化方向。

竞品分析策划的内容包括6个方面（见图1-1）。

图1-1　竞品分析策划包含的6项内容

竞品分析策划主要从三个角度进行，分别是用户分析、功能分析和数据分析，三者需要同步进行。

1．用户分析

用户分析包含核心用户、主流用户和用户构成比例三个部分。

1）核心用户

这类用户是最忠诚、黏性最高的用户。寻找核心用户有两种方法（见图 1-2）。

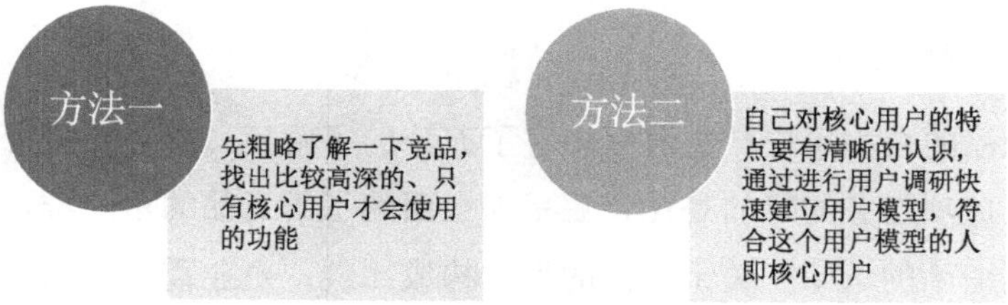

图 1-2　寻找核心用户的两大方向

例如企鹅 FM、喜马拉雅 FM 的核心用户画像（见图 1-3）。由于二者都把音频分享平台作为自己的产品定位，因此在核心定位上的区别并不大。在用户忠诚度方面，因为企鹅 FM 成立时间较晚，功能不够完善，所以比喜马拉雅 FM 略逊一筹。不过，随着企鹅 FM 对分享、互动与社交等功能的不断完善，核心用户的忠诚度将会越来越高。

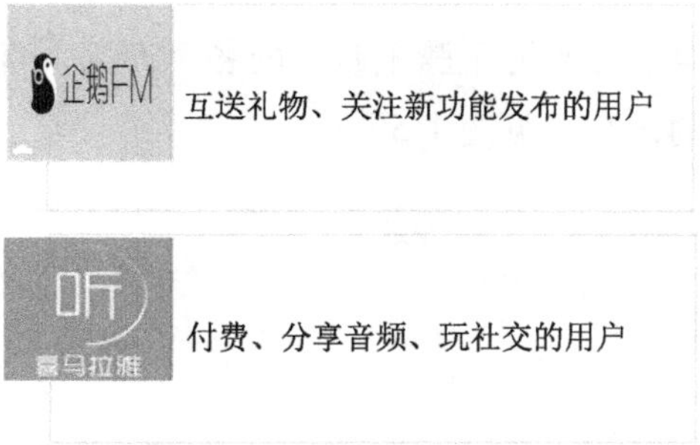

图 1-3　企鹅 FM 和喜马拉雅 FM 的核心用户画像

2）主流用户

寻找主流用户的技巧和寻找核心用户一样。可以从企鹅 FM 和喜马拉雅 FM 上了解主流用户分析的概念（见图 1-4）。

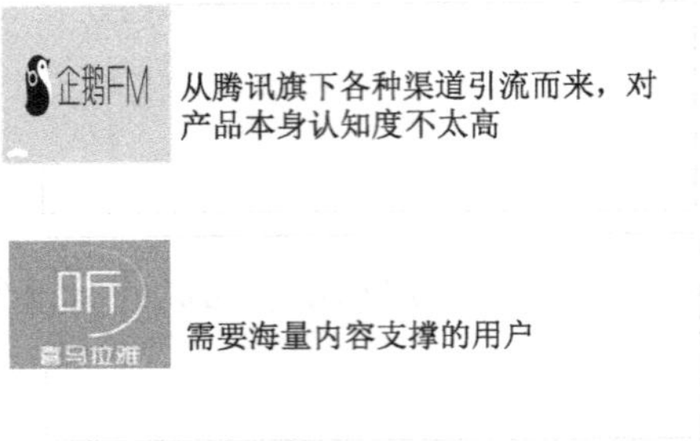

图 1-4　企鹅 FM 和喜马拉雅 FM 的主流用户画像

3）用户构成比例

在对竞品的核心用户与主流用户有了充分的了解后，就可以进行划分用户构成的工作。此项任务的目的是让企业更加全面地了解竞品的用户群，对竞品的整体概念有更清晰的认知。关于具体的用户构成比例，企业需要根据自身的经验以及对竞品的认知程度来确定。

2．功能分析

功能分析包含核心竞争力和主要功能两个方面。

1）核心竞争力

核心竞争力是一款产品能否得到发展的关键问题，没有核心竞争力的产品就是失败的产品。因此，企业在做竞品分析策划时，一定要注意产品的核心竞争力问题。

企鹅 FM 的核心竞争力来源于腾讯旗下的各个产品，喜马拉雅 FM 的核心竞争力主要来源于丰富的内容（见图 1-5）。

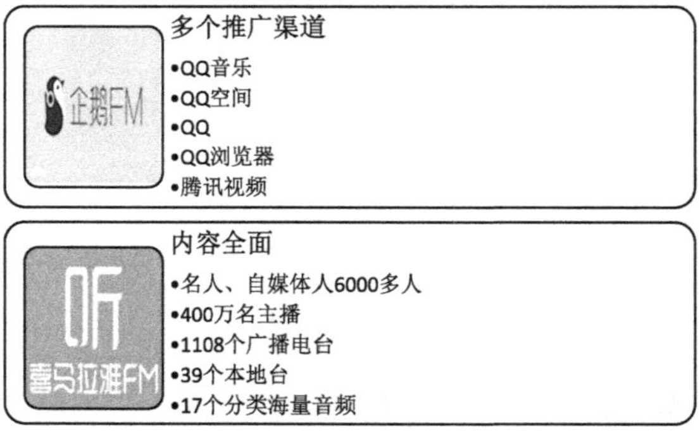

图 1-5　企鹅 FM 和喜马拉雅 FM 的核心竞争力

2）主要功能

竞品主要功能的分析有两种方法：一是直接从产品内容上看，根据用户的行为表现与反馈评价等，判断功能好坏；二是通过用户发表意见的渠道去搜索，如在微博、知乎、豆瓣等处查看用户评价，以此来判断功能好坏。主要功能的选择，一般是对自己没有或不太好而对手又做得比较出色的功能进行研究。

3．数据分析

数据分析是评价一个互联网产品是否有市场的最科学、最准确的依据。常用的数据分析工具有移动 APP，iOS 版本可在 App Store、App Annie 查看排名信息，安卓版本可在安卓市场、豌豆荚、360 手机租售等应用市场收集数据；Web 端，可在 Alexa 查询网站流量、变化趋势。

比如企鹅 FM 与喜马拉雅 FM 的整体数据如表 1-1 所示。

表1-1　企鹅FM和喜马拉雅FM的数据分析

分析对象	所有类别-最高下载排名（2015.6.14）	所有类别-近7日平均下载排名（2016.5.3）	总评价数	差评比例
企鹅FM	61	528	806	16.4%
喜马拉雅FM	51	121	24963	3.1%

数据来源：App Annie。

由表 1-1 可知，企鹅 FM 落后于喜马拉雅 FM，可能由于起步较晚，用户量较少，但这个问题后续可以赶超。喜马拉雅 FM 差评比例比企鹅 FM 高出了 13.3%，查看其评价内容可知原因：闪退、下载不了、已下载但不能离线播放。这些多属于 Bug 范畴，可后期更新修复。

1.3 产品定位策划

企业为建立一种符合用户心目中特定地位的产品所进行的相关产品策划及营销组合活动就称为产品定位策划。

1.3.1 定义：用一句话描述你的产品

产品定位策划的第一步就是用一句话来描述你的产品。在这句话中要讲明两件事：一是你是谁，这里包括品牌与品类；二是你能带给多少人什么好处，让每个人都能明白。

如何在一句话中包含这些信息是产品定位策划非常关键的一点。比如京东的定义“多、快、好、省，只为品质生活”，多代表产品种类丰富，快是指送货速度快，好是指产品质量高，省是指能给用户带来高性价比的产品，而这一切的目的就是为用户打造品质生活。

1.3.2 核心目标：能为用户解决什么问题

对产品的核心目标进行策划是产品定位策划的第二步。

比如京东，它的核心目标就是为用户解决“正品购买，放心购买”的问题。京东最初以电子产品为目标市场，在当时，人们购买电子产品一般都会去实体店。为什么用户不像购买服装一样去网站上购买电子产品，就是因为不信任电商网站。而京东的核心目标就是为了解决用户不信任电商网站，认为在网站上无法购买到正品的问题（见图 1-6）。

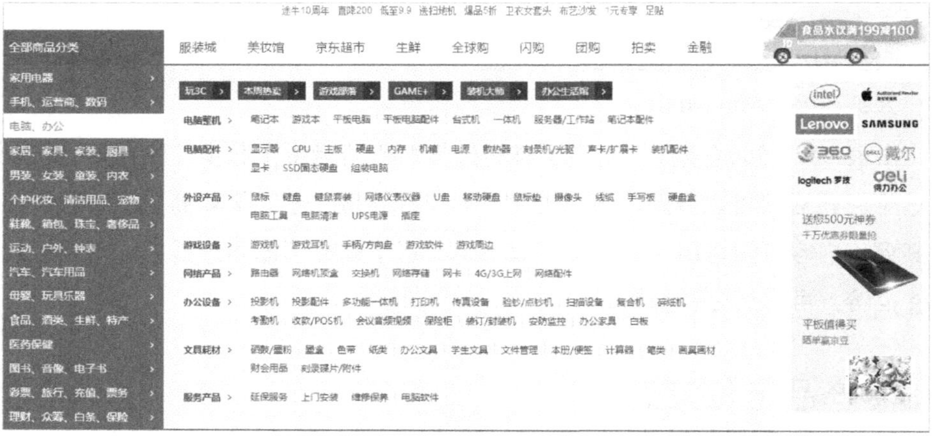

图 1-6 京东平台上的各类电器与电子产品

1.3.3 用户定位：如何定位目标群体

产品定位策划的第三步就是用户定位，也就是在产品投入市场前，你的目标群体是谁、谁会购买你的产品，这是非常关键的问题。在产品投入市场前，做一个准确的目标群体定位策划是非常重要的。

小米手机的目标群体定位就非常准确，即针对学生及一般白领用户。这类群体的经济条件有限，无法购买苹果这类高达五六千元的手机。因此，购买一款性价比高的产品是这类群体最迫切的需要。小米手机的性价比非常高，相同配置的手机比起其他产品便宜了上千元。因此，小米对目标群体的准确定位成功地让小米手机数度登上国产手机销量第一的位置。

1.3.4 用户特征：你的用户是什么样子的

产品定位策划的第四步就是寻找和总结用户特征，也就是你的用户是什么样子的。其内容包括年龄、性别、爱好、地理位置等。总结出用户特征，有利于对产品做更精准的定位策划。比如你推出的这款产品是针对女性市场的，那么根据用户特征，就可以将女性市场做进一步划分：是哪个年龄层的女性市场，是 80 后、90 后还是 00 后。这样打造出来的产品才能更符合用户的口味，要知道 80 后和 00 后的喜好是完全不一样的。

bilibili 弹幕视频网的用户多是 90 后及 00 后，他们喜欢创造，愿意接受新鲜事物。bilibili 弹幕视频网根据用户的特征将自己的产品打造得更加细致，更符合用户口味，相继开设了“番剧、鬼畜、直播”等更符合他们喜好的频道（见图 1-7）。

图 1-7 bilibili 弹幕视频网

1.3.5 使用场景：什么情况下用户会使用你的产品

使用场景是指企业要了解在什么情况下用户会使用你的产品，用户需求是在哪种场景下才会发生的。对用户的使用场景进行策划，使之更有针对性、更能深入人心。

如滴滴出行，用户在什么场景下会用到滴滴？肯定是在出行场景下，而且这个出行场景包括以下几点信息：(1) 没有私家车的场景；(2) 公交、地铁不方便的场景；(3) 出租车太贵或不太好打的场景。滴滴出行为没有私家车的用户解决了出行难的场景问题，为无法坐公交、地铁到达目的地的用户解决了出行不便的场景问题，为节省更多出行费用的用户解决了资金难的场景问题，用户处在这些场景中时自然就会想到使用滴滴出行。

1.4 推广方案策划

有了产品之后就要做推广，让更多的人知道你的产品。再好的产品，如果没有好的推广，那也会少有人问津。所以，一个完整的、完善的推广方案显得很有必要。

1.4.1 线上渠道，全网络大范围覆盖

线上渠道是目前最重要也是最有效果的一个推广渠道，所以，绝对不能忽视。现在是互联网时代，每个人都生活在互联网的世界中。大多数人把业余时间花在手机、电脑、平板上，下载各种各样的软件，打开各种各样的网页。所以，线上渠道是推广策划方案中必不可少的一部分。

案例

蘑菇街：微博、微信都不错过

蘑菇街是一个专注于时尚女性用户的电子商务网站，为年轻女性提供衣服、鞋子、箱包、配饰和美妆等产品，蘑菇街APP也成为时尚女性购买和互相分享的必备互联网购物产品。蘑菇街在从导购平台转型为社会化电商平台之后，从

2013 年 11 月开始，仅两个月，就获了单月 1.2 亿元的销售额（见图 1-8）。

图 1-8 蘑菇街官网

蘑菇街成立的时间远不比淘宝、京东，规模就更不用说了，属于小众化的电子商务平台。虽然如此，但蘑菇街几乎成为女性购物的首选。蘑菇街之所以这么受女性欢迎，与其成功的线上推广分不开。蘑菇街的推广除了商城活动，最主要的线上推广活动就是微信与微博。

(1)微信公众号。自微信 5.0 发布之后，蘑菇街也紧跟潮流开设了微信公众号，并把自己的产品宣传重心放在微信公众号上。蘑菇街每天都会向微信公众号的用户推送几篇关于服装、美妆等方面的文章，文章的内容非常专业，都是一些关于服装搭配、美妆用法的干货内容，用户看了非常受用。除此之外，蘑菇街也会在微信上推送产品信息（见图 1-9）。

(2) 微博。微博也是蘑菇街的线上推广重点渠道之一，蘑菇街花了不少的时间和精力在微博的运营上。与微信公众号一样，蘑菇街每天都会发送博文，分享最新的产品信息、活动信息，同时根据微博热点设计各种文案，以吸引用户的关注（见图 1-10）。

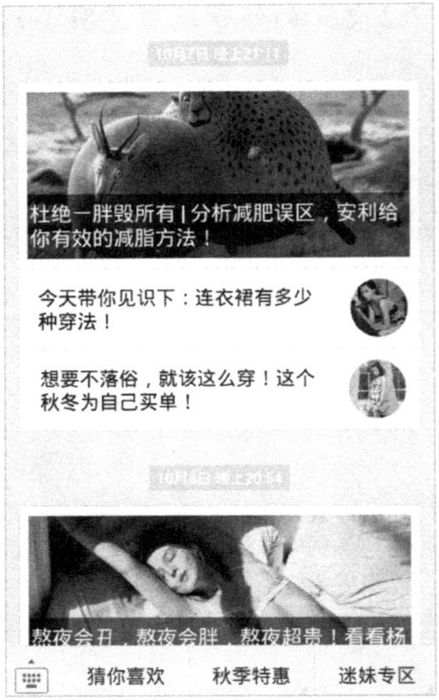

图 1-9　蘑菇街微信公众号

图 1-10　蘑菇街微博

当然，蘑菇街的线上推广渠道还有很多，包括自媒体、SEO、与其他互联网产品的合作，各种线上推广都或多或少地为蘑菇街带来流量。可以说，蘑菇街的成功与它完美的线上推广策划方案是分不开的。

1．打通各类平台，覆盖全网络

做线上推广，各种线上平台是必不可少的，在这些平台上做推广也是最有效的。常见的平台推广渠道如表 1-2 所示。

表1-2　平台推广渠道

平台	特点	消费成本	劳动成本	流量效果
论坛推广	贴吧、天涯、知道问答、社区	低	体力活、高	显而易见
博客推广	博客文章带链接、博客营销、博客软文	低	自己写、累	低
媒体推广	媒体稿子内带软文广告、媒体新闻	邀请知名编辑、媒体	中等	低
社交工具推广	QQ群、微信群、微博群推广	购买群发工具、微博发稿	体力活	效果不错

续表

平台	特点	消费成本	劳动成本	流量效果
邮件群发推广	各种邮箱群发	中	体力活，编写群发内容	不到1/10
SEO	SEO优化获得搜索引擎流量	购买链接提高外链质量	经验、技术	高
SEM	百度竞价、谷歌排名	竞价费用高	数据分析，寻找好的关键词	高
流量互换	两个产品等同位置互挂广告、交换流量	拥有流量基础	观察数据，防止对方作弊	高
产品合作	相同规模产品合作	拥有好的产品	寻找合适的合作伙伴	高
广告弹窗	弹窗广告、退弹广告	购买网站弹窗广告	分析数据，防止对方作弊	明显

2．选择合适的推广渠道，制定各种推广渠道的投放比例

了解了各种线上推广渠道，企业接下来要做的就是制定各种推广渠道的投放比例。要做好这一点，就要先了解各种渠道的推广效果，从而判断自己的产品适合哪种推广渠道。因为每种推广渠道的风格、用户类型不同，要选择和自己用户群有高度重合的推广渠道，这样才能吸引到有效流量。

1.4.2 线下渠道，地面店面全面覆盖

线下推广是与线上推广完全相反的一种推广方式。它更侧重于传统模式而非网络模式的推广，注重实际生活中的沟通交流，在传统营销中占据着重要的位置。虽然现在是线上推广主导的世界，但是线下推广依然有着不小的威力。因此，企业在做产品推广策划方案时，线下渠道不可忽视。

案例

58 到家：千人地毯式覆盖，用数据说话

2014—2015 年，仅用 1 年的时间，58 到家就通过地毯式搜索成功覆盖 30 座城市，这背后不只是因为高达千人的团队在支撑，还有有效的数据运用（见图 1-11）。那么，58 到家是如何策划自己产品的地推方案的呢？

图 1-11　58 到家

1．聚焦目标用户，千人逐家拜访

中国大部分批发商城的商品都是58到家瞄准的目标用户群体。58到家组建了一支千人团队，对所有的商铺进行逐家拜访，并且进行了统一归类。2015年，与58到家进行合作的大型综合超市超过5000家，涵盖了图书、建材、五金、音像等领域。

2．数据管理地推团队，提高地推效率

58到家成立后，有一个非常重要的合作伙伴，就是BOP这款应用。58地推千人团队分散在全国各地，常常需要跑外勤，因此，如何管理这支团队，使地推的效率更高，一直是58到家的难题。而BOP软件的出现帮助58到家解决了全国各地实时数据的监控与分析问题。58到家线下所有的数据都会汇总到BOP中，然后进行各个维度、各个层级的细分分析。BOP数据每5分钟更新一次，可以让58到家的管理团队快速、便捷地掌握全国各地实时的监控数据。

BOP的实时数据监控有效地提高了地推人员的工作效率。要知道，地推最主要的工作就是靠人员，如果人员管理无法，则地推的效果将大打折扣。

1．地推推广策划，选择最适合自己的

企业在策划线下推广活动时，要把地推作为工作的重点，选择并制定最适合自己的地推方式。地推的类型主要有以下5种（见图1-12）。

图 1-12 5 种地推方式

（1）礼品赠送。通过设点的方式，摆几张桌椅，准备好礼品、海报与宣传单。在校园、小区、CBD 等人流量多的地方进行推广，通过赠送礼品的方式吸引用户关注。

（2）发传单。发传单是最节省成本的方式，直接把自己的产品和宣传信息打印到宣传单上，挨家挨户或在 CBD 区发传单，既直接又有效。但是一定要把传单设计得有新意，同时还要让用户通过传单享受到实惠。

（3）微信扫码，分享朋友圈。通过扫码关注的方式进行地推是最便捷、快速的，能在短期内迅速发展大量用户。用户关注后，再进行朋友圈转发。记得在扫码时给用户一些实质性的优惠，用户才会更加喜欢。

（4）实体店面推广。这种推广方式需要有针对性。比如餐饮 APP，就需要到餐饮行业的店面去推广。这种点对点的推广方式定位非常精准，效果也很好。

（5）活动宣传。通过举办地面活动，如表演、游戏、抽奖等方式，吸引用户关注和参与。

2．线上线下相结合，效果更好

在如今这个移动互联网时代，营销方式发生了巨大的改变，从以往的单方面线上、线下的活动方式转变为了线上线下相结合的方式。线下活动可以形成多种效应，在短时间内聚集用户，让用户与产品、用户与用户之间进一步地交流。而线上推广则可以让线下活动得到更多用户的关注，制造舆论，形成大范围的传播。

总而言之，把线上推广和线下推广相结合，是互联网产品运营广告宣传的最大优势。

比如现在的一些美妆品牌会进行直播，这种形式就是线上推广与线下推广的完美结合。例如，2016 年 5 月 11 日，佰草集邀请人气男星杜淳参加活动，该品牌就将这场活动在聚美优品上进行了直播（见图 1-13）。

图 1-13　佰草集线下活动线上直播

1.4.3　推广预算，资金配比步步到位

推广预算方案是推广的最后一步，也是最重要的一步。每个渠道的推广成本不同，企业是否能够承担这些成本，能否用最小的资金投入获取最大的推广效果，这些都是需要经过事先策划的。特别是刚成立的企业，没有那么多的广告预算，因此一个好的预算方案是非常重要的。每家企业都有自己的推广方式和推广计划，所以预算自然也要根据企业的实际情况制定。

1.5　目标制定策划

互联网产品运营目标制定策划指的是产品在哪个阶段要达到什么样的目

标、在市场上占据多少份额、获得什么样的位置。这是产品运营策划非常关键的一部分。

1.5.1　产品运营阶段目标

互联网产品运营目标制定策划的第一种方式是根据产品运营阶段来制定目标。以移动互联网产品为例，产品运营主要有三个阶段。

1．种子期阶段

这个阶段的主要工作包括三个方面：(1) 收集用户行为数据；(2) 与产品设计时的用户模型作对比；(3) 进行有目的性的优化。其中涉及的主要数据包括页面路径转化、按钮点击、启动次数、启动时间段、停留时长等。这个阶段数据量不求大，但要真实，可以通过免费渠道来获取用户。

2．推广期阶段

这个阶段的主要工作内容是：扩大影响，吸收用户。其中涉及的主要数据包括新增、活跃、留存以及渠道数据。运营人员需要同时配合各种资源，多管齐下，让用户量快速增加。

3．营收期阶段

这个阶段的主要工作内容是：通过各种活动运营，对服务进行增值，扩大产品利润。其中涉及的主要数据包括付费用户数、付费金额、付费路径转化、ARPU。

1.5.2　根据产品类型制定目标

如果是根据产品类型制定目标，就要特别注意，因为每种类型需要关注的点不同，因此制定的目标也是不同的。

工具类，启动的次数；社区，活跃用户数和 UGC；游戏类，在线人数和 ARPU；移动电商类，成交转化率、订单转化率、金额转化率。

企业可以制作一张数据指标考核表，对于具体的内容，企业可以根据自己产品的特点进行调整（见表 1-3）。

表1-3　数据指标考核表

		第一个月	第一季度
下载量			
每日新增用户数			
留存率	次日留存率		
	周留存率		
	月留存率		
	渠道留存率		
活跃用户数	日活跃用户数（DAU）		
	月度活跃用户数（MAU）		
平均用户收益（ARPU）			
使用时间			

1.6　数据分析策划

数据分析策划也是产品运营极为重要的一部分。企业在运营产品之前就要了解并知道自己要关注哪些数据，然后分析数据，以便调整之后的运营工作。

1.6.1　留存率

互联网产品发展到一定阶段，用户就会开始流失，留存率随着时间的推移会逐步下降，一般在 3 ～ 5 个月后达到稳定。因此，企业需要重点关注留存率，留存率提高了，真正使用产品的用户才会越来越多。所以，企业在运营产品之前，需要制订留存率计划。

1．次日留存率

如果需要分析新用户的流失原因，则可以结合产品的新手引导设计与新用户转化路径来进行。一般情况下，如果这个数值达到 40%，就表示产品达到了优秀。

2. 周留存率

用户在使用产品后，通常会经历一个完整的使用与体验周期，这个阶段留下来的用户就有可能成为忠诚度较高的用户。

3. 月留存率

如果是移动产品，则一般的迭代周期是 2 ～ 4 周一个版本，所以月留存率能够反映出某个版本的用户留存情况。一个版本的更新对用户的体验都会产生或多或少的影响。所以，通过比较月留存率能够判断出一个版本的更新是否会对用户产生影响。

4. 渠道留存率

用户来源渠道不同，质量也会有所区别，因此需要对渠道用户进行留存率分析。在排除用户差别的因素后，再去比较次日、周、月留存率，可更准确地判断产品上的问题，然后进行优化。企业未来的运营计划也需要据此做出调整。

1.6.2 活跃用户数

活跃率 = 活跃用户数 / 总用户数，通过这个比值就可以了解用户的整体活跃度。不论哪款产品，每天都有新增的用户，也有流失的用户。如果单独看每日的活跃用户数，则是非常不准确的，所以通常结合活跃率和整个产品的生命周期来进行判断。

随着时间周期的增长，用户活跃率总是在逐步下降，所以经过一个长生命周期，如 3 个月或半年的沉淀，用户活跃率还能保持在 5% ～ 10%，就代表这款产品有着很强的生命力，企业对此制订的运营计划是正确的。

2

产品定位要明确，“大而全”不如“小而精”

2009 年，马云在 APEC 峰会上做了激情演讲，主题是“Small is beautiful”（因小而美）。现在的互联网市场，不管是哪个行业都竞争激烈，与其追求大而全的大包围形式，不如追求小而精的格局。前者力争面面俱到，可惜平均化没有重点，没有特点的产品是很难让用户记住的。后者可能不全面，但胜在有取舍，可以让用户印象深刻。

2.1 什么是产品定位

很多人认为产品定位与市场定位是同一个概念，其实二者是有很大区别的。市场定位是指企业对目标消费者或目标消费者市场的选择；而产品定位是指企业应用什么样的产品来满足目标消费者或目标消费市场的需求。产品定位是对目标市场的选择与企业产品相结合的过程，也是将市场定位企业化、产品化的工作。

产品定位是根据市场细分化中用户需求的特点，让产品在市场上具有一定的地位与形象。企业在进行市场细分化，初步决定进入某一细分市场时，就应该研究如何进入这一细分市场，给自己将要打造的产品安排一个在市场与目标用户中有独特特点和理想的位置，进而在市场细分化和产品定位的基础上，选定目标市场和制定市场的运营策略。

影响产品定位的因素有以下几点。

（1）用户心理。即用户关注的焦点和产品属性重视程度，特别要注意用户的情感利益——身份、名誉、地位等。

（2）市场竞争。即产品竞争对手的定位是什么，自己的产品与对手的产品定位有什么区别。

（3）产品本身。即产品本身影响定位的因素，如品质、质量、工艺、技术、历史、价格、服务等。

（4）推广营销。即通过推广营销将产品定位的诉求传达给用户，进而影响用户的心理。

2.2 产品定位的方法

产品定位的方法有很多种，每家企业都有自己的产品定位方法。总的来说，产品定位的方法可以归纳为以下三种：一是属性定位，具体就是产品品种角色定位；二是根本定位，具体就是目标消费者定位；三是基本定位，具体就是产品整体概念分层定位。

2.2.1 产品品种角色定位

产品品种角色定位是指在企业的整体产品组合阵容规划中，该产品处在什么地位、被赋予什么样的角色。采取多产品战略的企业，需要考虑每个产品的地位与角色定位，这样才能避免产品角色的冲突或重复、产品地位的缺位或错误、产品角色的缺失或错误等情况的产生。

在一个完整的产品整体组合定位中，应该有高、中、低三个等级，而且这三个等级的产品品种数量的比例需合理，因为比例不合理会影响到企业定位、品牌定位，以及产品在目标市场上的结构和特征。

案例

百度服务生态成型：百度外卖的角色定位

2016 年的百度世界大会提出了“服务生态”这个概念，并专门为这个概念举办了分论坛。由此，百度的服务化转型思路越来越清晰、明确。围绕这个服务生态，百度推出了外卖、糯米、影业等全新的互联网产品。在这三大产品中，百度外卖无疑是最成功的。而这款产品的成功运营，很大一部分归功于百度的运营集团对其角色的正确定位（见图 2-1）。

根据下文所述的 4 种产品品种角色定位类型，百度外卖属于橄榄形，高端和低端两头少，处于中间位置。百度外卖面对的多数是中产阶级人群。

公开的数据表明，百度外卖的运营团队对其的角色定位是非常正确的。经过两年多的发展，百度外卖已经拥有 5000 万用户、数十万商家用户；4 万 + 专职配送员工，每天处理订单量达 200 万单，处于中国外卖市场的第一阵营。

百度外卖作为外卖 O2O 市场的后来者，为什么能够快速崛起呢？就如上文所述：正确的角色定位。现在让我们来看看百度外卖具体的角色定位如何。

(1) 品质外卖定位。百度外卖从白领市场，也就是中产阶级市场切入，不做校园市场，主打品质外卖。白领外卖潜在用户数量达到7600万人，远远高于2400万人的校园用户。白领市场同时是增量市场：客单价高、关联消费能力强、价格不敏感、重视服务、黏性强。这些特质都与百度外卖的“品质外卖”定位相吻合，品质不仅包括商户，还包括物流。

(2) 专职众包物流。百度外卖为了做好“品质外卖”这个角色定位，加强了对物流的投入。为了确保准时配送的体验，采取专职+派单配送模式，共有超过4万人的外卖团队，通过线上调度，确保准时送到。百度外卖的准时率达到98.78%，客户平均等候时间为23分钟（见图2-2）。

图 2-1　百度外卖

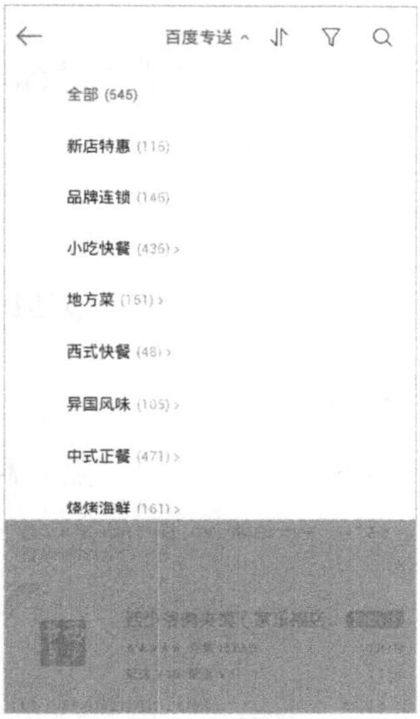

图 2-2　百度专送

(3) 外卖服务生态。百度外卖建立了一个独一无二的生态，这个生态又包括三大角色定位（见图2-3）。可以说，在百度外卖生态中，商家、用户和员工取得了共赢，而这让其“品质外卖”的角色定位可以更加健康地发展。

(4) 不止做简单的服务链接。百度外卖对自身的定位并不是“送外卖”的，其长远目标是打造千亿级同城物流&交易平台。百度外卖从高频餐饮切入，在建立起物流队伍，并形成首个智能实时配送网络后，再向商超、下午茶、水果生鲜、药品等全品类配送发展，最后达到实时按需配送和交易，绝不会让人感到是“送盒饭”的，充分树立起自己“品质外卖”的形象。

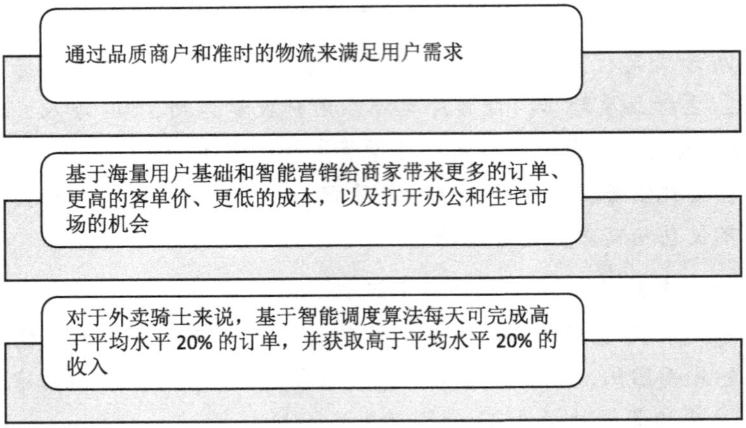

图 2-3　百度外卖生态的三大角色定位

一般来说，互联网企业的产品定位有以下 4 种类型。

类型一：金字塔形

这种类型的角色定位的特点是中端产品数量多于高端产品，低端产品数量又多于中端产品，是最为常见的类型。

类型二：橄榄形

这种类型的角色定位的特点是高端和低端两头少，处在中间位置的中端产品数量多。这种类型在一个目标市场的中产阶级人数占社会的主流和大多数的时候适用。

类型三：M 形或哑铃形

这种类型的角色定位的特点是高端和低端两头产品数量多，中间的中端产品数量少。这种类型在高收入人群和低收入人群所占比例较大的 M 型社会适用。

类型四：倒金字塔形

这种类型的角色定位与金字塔形相反，这种产品组合比较适合目标市场倾向于向高端市场定位的高端品牌或奢侈品牌。

2.2.2　目标消费者定位

要更深入地发展产品营销策划和产品研发，还需要对目标消费者定位。消费者定位目标准确，同时还需要描述清楚其特色。在定位过程中，需要结合产品的效用价值定位、功能配置定位、质量档次定位、外观造型定位、包装定位等多种因素。

案例

小米手机：得“屌丝”者得天下

小米手机自发布以来，一直以性价比为主体，打造大家都能买得起的智能手机，不求最贵只求最好，让用户可以花最少的钱购买高端旗舰的产品。小米的这一战略可以体现出它将自己的目标消费者定位为“屌丝”（见图 2-4）。

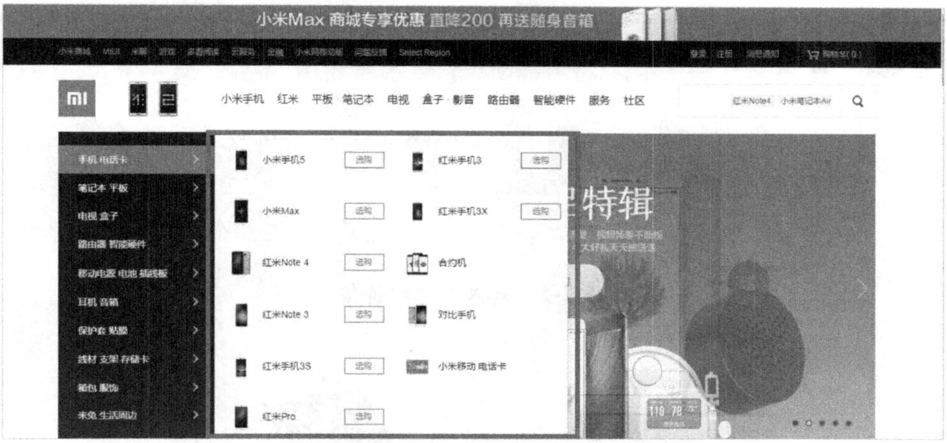

图 2-4　小米手机全部产品

小米的定位非常正确，毕竟愿意花五六千元买台手机的人还是少数，也不是所有的手机品牌能打造成苹果那样。一般的手机品牌很难在高端市场上存活。高端市场不给力，“屌丝”市场前景好。我们可以从两个方面对小米的消费者定位进行分析。

1．现有消费者

（1）消费者群体构成。小米手机的消费者一般是 80、90 后，学生群体和普通白领占大多数。这类用户追逐功能、爱好科技，并且拥有一定的经济基础，一般分布在一、二线城市。

（2）消费行为。小米手机的消费者的购买动机主要是用于网络浏览，其次是电子书和聊天，最后是游戏和音乐应用。

2．潜在消费者

从目前来看，小米手机的潜在消费者主要是那些追求手机性能的手机发烧友，以及那些想购买高端手机但经济实力不够的消费群体。大学生是小米的主要消费群体，他们缺少经济来源，但又追求时尚和性能齐全的智能手机，而小米手机优越的性价比刚好满足了大学生消费者的需求。

由以上分析可知，小米手机的目标消费者就是“屌丝”以及大学生群体。这是它的整体定位，小米手机每推出一款产品，其目标消费者虽然略有差别，但都不会离开这个范围。例如，小米推出的红米系列围绕的是消费水平更低的群体（见图 2-5），而小米 5 的目标群体也是大学生，其强调的黑科技更是为大学生追求功能和科技而设计的（见图 2-6）。

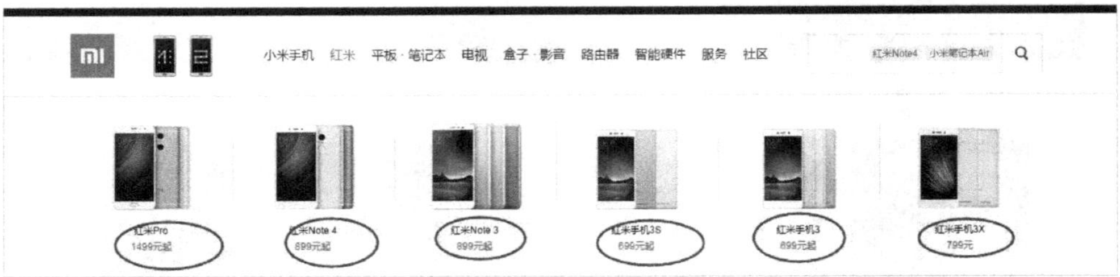

图 2-5　红米手机的价格

图 2-6　小米手机 5 的价格

产品目标消费者定位的依据主要有以下三条。

第一条：目标市场选择策略

产品的目标消费者定位不会在企业的目标市场之外，而是在企业整体目标市场之内。

第二条：品种角色定位

与之相应的品种角色对应相关的目标消费者，也就是说，一款产品最好只对应一种目标消费者，不能错位，也不能越位。就像百度旗下推出了那么多款产品，但是它对每款产品的角色定位都是非常明确、清晰的，因而才不会发生自己的产品抢自家产品用户的现象。

第三条：所属品牌的目标用户定位

产品的目标用户最好不要超出其所属品牌目标用户定位，当品牌旗下的产品非常专一，而且层次非常集中时，产品的目标用户几乎就是品牌的目标用户。就像小米手机，虽然产品种类繁多，但是每款产品的目标用户定位都在小米整体的目标消费者定位之内，区别点就是每款产品的目标用户更为具体。

2.2.3 产品整体概念分层定位

产品整体概念分层定位包括核心产品、形式产品、期望产品三个层级，因此，产品的基本定位策划也就包括了这三个方面。

案例

支付宝：支付是核心，场景全覆盖是发展目标

支付宝，这个几乎渗透每个中国人的互联网产品，从诞生以来就受到了不小的关注。支付宝的成功毋庸置疑，而它的成功很大一部分归功于阿里巴巴对其正确的定位（见图 2-7）。

阿里巴巴对支付宝的定位可以说是分层级的。

首先，核心产品定位，也就是支付宝的核心效用价值——在线支付。在线支付是支付宝始终不变的发展定位核心。支付宝的这一核心定位在淘宝网发展起来后显得更为重要，可以说如果没有支付宝的核心定位，那么淘宝网也无法发展起来。

其次，形式产品定位。支付宝对自身的档次定位没有涉及高不高端的问题，而是人人都能用、全民都会用。但是会使用支付宝的大都是年轻用户，因此它在功能配置上设计了很多符合年轻用户喜好的功能，比如咻一咻、发红包等。

最后，期望产品定位。支付宝的核心产品定位是支付，但是为了带给用户更多、

更好的体验，支付宝将自己的发展定位为场景全覆盖。支付宝的用户肯定期望支付宝不仅有支付网上购物这一功能，还希望通过支付宝完成更多支付功能。而支付宝发展了这么多年，也没有辜负用户的期望，慢慢实现了场景全覆盖。现在用户通过支付宝不但可以在实体店、超市消费，还可以转账、还信用卡、缴纳水电煤气费，更让人惊喜的是可以给公交卡充值（见图 2-8）。

图 2-7　支付宝

图 2-8　支付宝提供的部分功能

由此足以证明，支付宝的成功与其准确的定位分不开。

1．核心产品定位

核心产品定位就是确定产品的效用价值。产品效用价值定位的依据包括两个方面，如图 2-9 所示。二者的有机结合，能够确定非常具有营销价值和营销力量的核心产品定位。

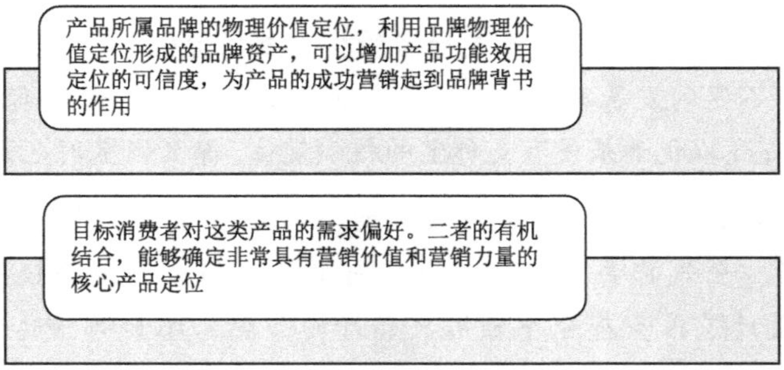

图 2-9　产品效用价值定位的两个依据

定位于目标消费者对产品的最大需求偏好是产品效用价值定位的基本策略，但是如果目标消费者对产品的需求偏好有很多种，同时又没有太大数量规模的区别，则对于一些新兴的、资源有限的互联网企业来说，最好只选择一个产品效用价值定位，而且是竞争对手没有选中的那一个；如果是实力强劲的企业，则可以多定位几个效用价值。就像大众点评网，在创办之初，因为资源有限，所以它将产品效用价值定位为“用户对各大餐厅的评价”；现在实力增强了，则扩大为购买团购券等（见图 2-10）。

图 2-10　大众点评网

2. 形式产品定位

形式产品是指产品的物质实体层面，包括产品的材料结构、质量档次、外观款式、功能配置、体积重量和包装工艺。这些都是产品研发必须解决的问题。形式产品定位的内容主要包括以下几个方面。

(1) 质量档次定位。一款产品的质量档次定位在什么程度是非常重要的。从企业角度来看，产品质量定位不同，其制造工艺和成本也不同，质量保证成本更不同。因此，在营销时，如果体现优质优价、品牌溢价，则都与质量档次定位相关。从消费者角度来看，不同收入程度的消费者对产品的质量档次要求也不同。产品质量档次定位的依据和策略主要包括以下三个方面，如图 2-11 所示。

该产品已经确定的品种角色定位

• 高端产品质量档次定位要高，中端产品次之，低端产品最低

该产品已经确定的目标消费者定位

• 定位于高收入消费者的产品，质量档次定位要高，通过优质优价体现品牌价值，给予用户更高的心理价值；定位于中等收入消费者的产品，质量要均衡，档次和价格要合适，通过良好的质量性能价格比获得中等收入消费者的好评；定位于低收入消费者的产品，质量不能出问题，但是需要降低成本做到价格实惠

产品的品牌定位

• 产品的质量档次定位应该与其品牌相称，一般质量的产品不能使用代表高质量的品牌，否则会伤害品牌；高质量产品也不要使用中低端品牌，这样会形成消费者认知障碍，难以被消费者接受

图 2-11　产品质量档次定位的三大依据

（2）功能配置定位。一款产品的功能配置也是需要定位策划的，如有些产品需要定位于齐全，有些产品需要定位于简约，有些产品的功能配置定位与已经确定的目标消费者定位有着很大的关系。例如，电商网站美丽说，它面对的目标消费者就是年轻女性用户，因此推出的产品就是年轻女性用户喜欢的，而不像淘宝一样什么都包含在内。

（3）外观款式定位。外观款式定位对产品形象风格、消费者感官印象有着直接的影响。消费者对于显示的产品外观，一般都能清晰地做出选择与判断，因此，外观设计是用户购买决策的一个非常明显的影响因素。一般的互联网产品追求的都是简洁大方，然后根据目标用户的特点设计产品外观。就像唯品会，因为主要针对的是女性用户，所以将外观设计为粉红色（见图 2-12）。

图 2-12　唯品会的粉红色外观

3. 期望产品定位

产品的内容和性质与产品类别相关，不同的产品用户期望值不同。比如下载音乐软件的用户，除了希望软件内涵盖的歌曲多，更希望下载的内存小。产品竞争在核心产品、形式产品和扩增产品三个层面都同质化时，竞争胜负在很大程度上取决于各产品提供的期望值的差异。因此，必须重视期望产品的定位问题。通常，企业总是需要先提供用户最希望的、在技术上实现和成本上能够承受的、还能形成自己独特形象和竞争优势的期望产品。

例如唯品会，它提供的不单是购物，还给用户网购的另外一个期望值——品牌打折，在保证质量和真品的同时，给予用户期望的低价。这就是唯品会能在电商大战中突出重围的原因。

2.3 产品定位的原则

产品定位的原则包括 5 个方面：一是与同类产品竞争原则；二是拾遗补缺原则；三是突出特色原则；四是求新求异原则；五是主动地位原则。

2.3.1 原则一：与同类产品竞争

指的是在现有竞争产品的旁边确定本企业产品的市场位置，以此来占领市场与扩大市场销售额。这种定位决策需要具备 4 个条件（见图 2-13），只有具备了这 4 个条件，企业的产品才能处于市场竞争的优势地位，并在市场竞争中赢得一席之地。

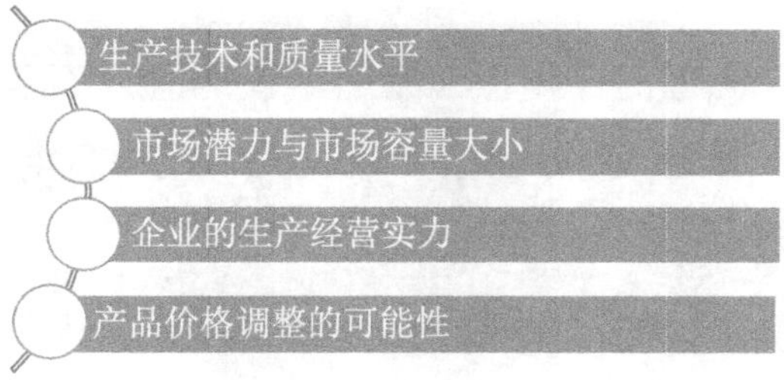

图 2-13 与同类产品竞争定位需考虑的 4 个条件

就像手机产品，前两年，中国手机市场基本上由苹果和小米主导，但是到了 2016 年，中国的手机市场格局已经产生了明显的变化，苹果和小米的威力在逐渐减弱，新的手机品牌如华为、vivo 出现。以 vivo 为例，它之所以能迅速占领手机市场，就是因为它在现有的市场竞争中确立了自己的位置，即柔光自拍的产品定位（见图 2-14）。

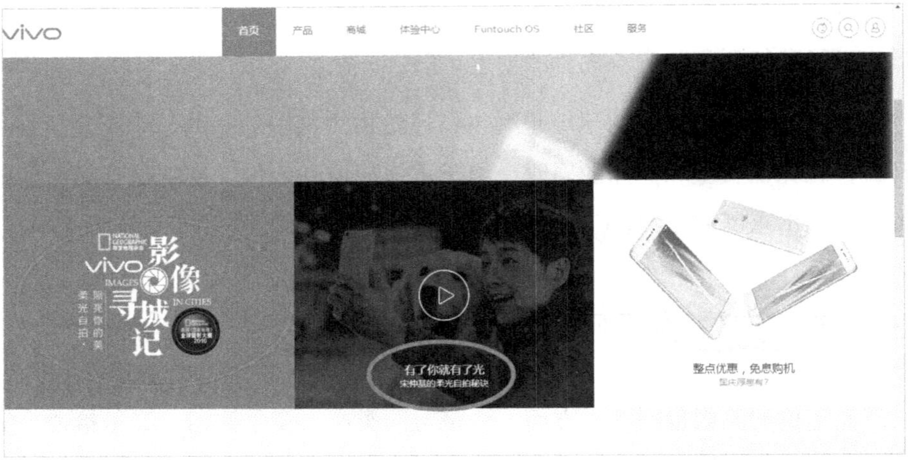

图 2-14　vivo 以“柔光自拍”为产品定位

2.3.2　原则二：拾遗补缺

企业可以对市场现有的产品定位进行分析，发现其中的一些空档，然后采取拾遗补缺的方式为自己的产品进行定位，让产品获得市场优势，避开同行企业的竞争威胁。这种定位决策需要考虑三个方面的因素，如图 2-15 所示。

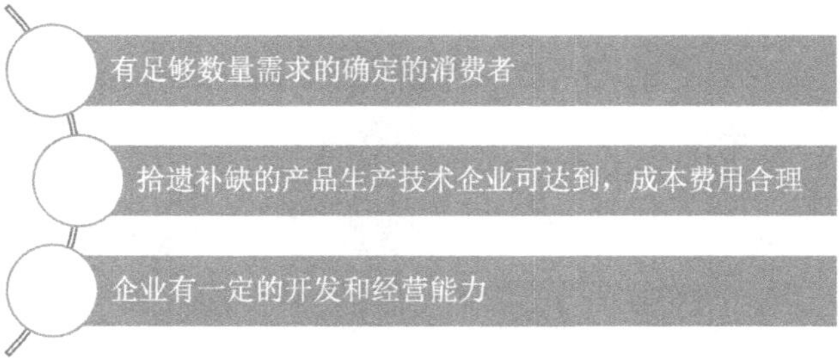

图 2-15　拾遗补缺产品定位需考虑的三大因素

要明白，企业的互联网产品无论有多么优秀，也不可能占据所有的市场，总会留下或多或少的市场空隙。如果企业想要让自己的产品在众多的竞争产品中脱颖而出，就必须想方设法寻找市场空隙，挤占市场。

聚美优品当初之所以能在淘宝和京东两大巨头的竞争之下闯出自己的一片天地，就是因为创始人陈欧把握住了“拾遗补缺”的产品定位原则。淘宝包含了很多方面的内容，衣、食、住、行都包括在内，但是缺乏专业性的内容；而京东则以电器为主。市场上缺少以化妆品为主的专业电商平台，用户要购买化妆品需要去商城的货柜，陈欧正是看重了电商市场的这一遗漏之处，才决定将化妆品作为自己的产品定位（见图 2-16）。

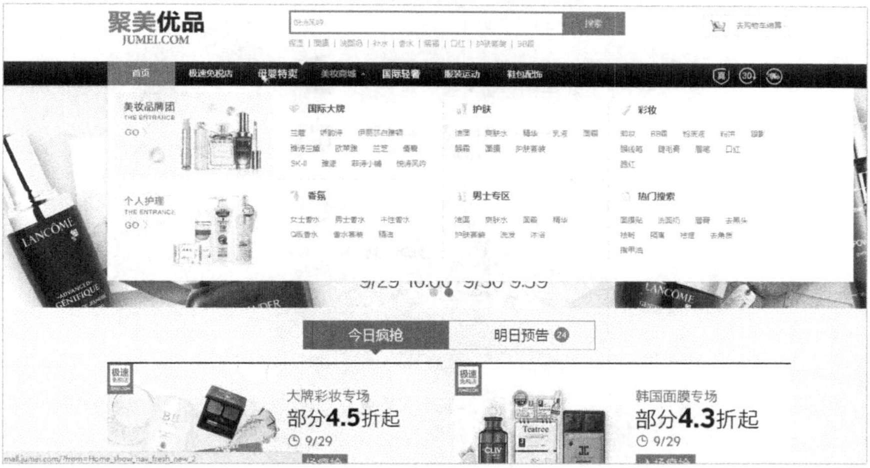

图 2-16　聚美优品美妆商城

2.3.3　原则三：突出特色

企业可以根据市场的需求情况，在市场产品定位的空档处选定有特色的定位产品。对用户需求和偏好的了解越充分，对市场潜力的预测就越准确，也就越能选出有特色的产品定位。

特色原则是产品定位的关键，如今互联网企业在产品、性能、服务等方面越来越难分伯仲，互联网产品的大众传播信息也趋于统一。如果想让自己企业的产品在市场的竞争中脱颖而出，并被用户记住，就必须想方设法体现出产品的个性。

也就是说，要体现出与同类产品的区别。只有这样，企业才能牢牢地掌握市场竞争的主动权。

比如闲置交易平台 APP 闲鱼，它的产品定位和运营宣传的重点就是交换闲置物品。只要使用淘宝或支付宝账户登录，无须开店，就能一键专卖个人淘宝账户中已买到的闲置宝贝。除此之外，用户还可以在闲鱼上交易各种闲置物品，比如闲置桌椅、二手车等。“交易闲置物品”是闲鱼最大的特色（见图 2-17）。

图 2-17　闲鱼

2.3.4　原则四：求新求异

每个人都有求新求异的天性，特别是在互联网这个瞬息万变的世界。因此，企业在进行互联网产品定位时应注重“新”字，如“新产品”、“新服务”、“新特色”等。就“新产品”本身来说，也许不是市场首创，但是，只要企业能对产品附加新的概念或新的功能，同样能赢得用户，获得畅销。

比如社交产品陌陌，现在的社交市场是 QQ 和微信的天下，但陌陌依然能占据自己的一片天地，原因很简单，就是其把握住了求新求异的原则。它的新不是推出全新的、市场上从未有过的产品，而是在某些点上的第一。兴趣分组就是陌陌的创新点，并且把这个点做到了市场第一（见图 2-18）。

图 2-18 陌陌的群组功能

2.3.5 原则五：居于主动地位

只有在用户心目中居于主导地位的产品，才能成为本行业真正的霸主。所以，企业在给自己的产品进行定位时，要设法抢先夺标，占据市场龙头位置。

第一个进入用户脑海中的产品，它的市场占有率和占有时间会比第二个产品高出两倍，比第三个产品高出4倍，并且这种关系是长期稳定的。也就是说，互联网产品一旦确立了关系，就很难改变。

就像QQ，将MSN打败，在之后的社交大战中更是完胜。这与马化腾对它“只做第一，不做第二，占据市场主导地位”的定位不无关系。

2.4 产品定位的步骤

产品定位有三个步骤：第一，探寻市场机会；第二，挖掘市场细分；第三，选择目标市场。

2.4.1 探寻市场机会

当前的互联网市场，各家企业都面临着一个基本问题，即需求差异性的日渐增强，但企业的资源却无法满足这种增长。解决这个问题的关键就在于企业是否能发现这样的市场机会，并准确判断出这个机会是否适合自己。实践证明，市场机会一般都是在竞争对手未进入或充分满足的细分市场需求下，或竞争对手受到资金、资源等因素的束缚而无法顾及细分市场的需求时而产生的。

案例

途牛：填补在线旅游市场空白

途牛旅游网，看其当前在在线旅游市场的地位就可知道，它的运营是非常成功的。而它的成功与它成功的市场定位分不开。途牛成功地捕捉到了旅游市场的机会，提供低价、高质、丰富的特色旅游产品，填补了在线旅游市场的空白（见图 2-19）。

图 2-19　途牛旅游网

途牛把低价、丰富作为自己的产品定位。因为途牛的创始人发现，虽然市场上也有不少在线旅游软件，但能提供低价且保证质量的旅游产品的少之又少，即使有，产品种类也太少。他敏锐地捕捉到了这一市场机会，并把这个市场机会作为自己的产品定位，之后的产品运营也始终围绕这个定位核心。

那么，途牛的旅游产品都包括哪些呢？

（1）跟团游：包括周边短线游、国内长线游、出境游，行程透明、质量可靠，性价比非常高（见图 2-20）。

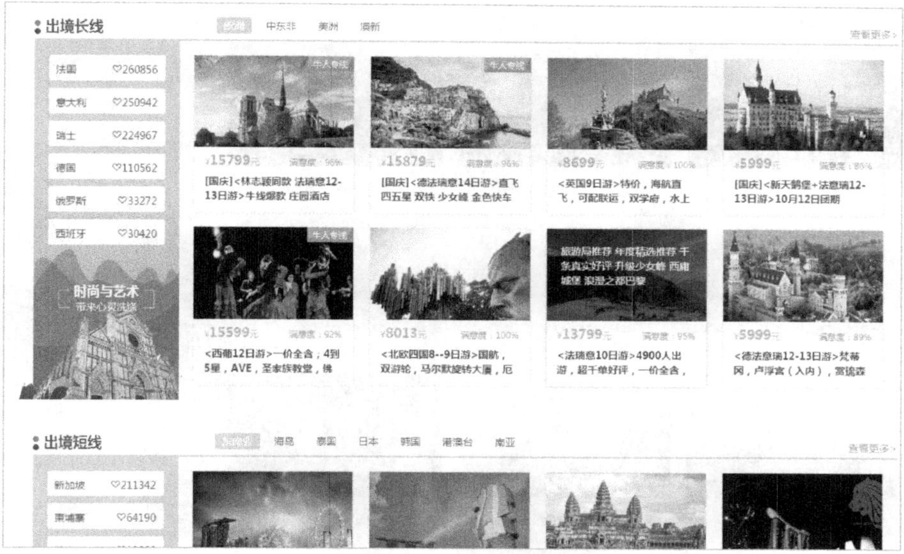

图 2-20　途牛跟团游价格

(2) 自助游：包括海岛、港澳、三亚、丽江、九寨沟、厦门等，既有国内外自助游套餐，也可单订某项产品或任意搭配组合（见图 2-21）。

图 2-21　途牛自助游价格

(3) 旅游定制服务：针对用户个性化需求量身定制个性化的旅游产品（见图 2-22）。

图 2-22 途牛个性旅游定制服务

（4）景点门票：数千家精品景区，超低价订购（见图 2-23）。

图 2-23 途牛各景点门票

捕捉市场机会一：价格优势

想要让自己的产品成功进入市场，价格优势是捕捉市场机会的第一种方法，但是价格优势并不是每家企业都能做到的，特别是缺乏资金的初创互联网企业。因为要进行价格竞争，企业就需要降低成本；成本不降低，企业就无法盈利。降低价格的背后则涉及供应链问题，有没有低价高质的供应链系统成为企业价格竞争的关键点。

小米手机之所以能够成功，除了成功的营销方式，最为关键的就是雷军捕捉到了“价格优势”这个市场机会。小米手机在保证质量的前提下，价格低至几百元，而这几百元的手机的体验与当时市场上几千元的手机并没有很大的差距。因为这个“高性价比”的定位，小米手机成功了，并迅速成长为国产手机的代表之一。

捕捉市场机会二：提供特色产品

提供特色产品或者服务往往是许多新兴互联网企业成功的第一步。在无法与现有寡头产品竞争的前提下，打造一款有特色的产品，从小众市场切入，是现代企业普遍采取的做法。

就像唱吧，它的成功正是因为它捕捉到了市场对 K 歌软件的空白。QQ 音乐、酷我音乐这些音乐软件都有大背景的支持，如 QQ 音乐可以直接倒流 QQ 的用户。唱吧的创始人如果想要在音乐市场上分一杯羹，则只有打造出与 QQ 音乐完全不同的、能给用户提供音乐特色服务的软件。因此，K 歌成为唱吧的定位，也成为它的最大特色。现在虽然 QQ 音乐、酷我音乐也陆续上线了 K 歌功能，但其影响力远远不能与唱吧相比（见图 2-24）。

图 2-24　唱吧

2.4.2　挖掘市场细分

所谓的市场细分，是指根据消费需求差异性，把产品所针对的整个市场细分为两个、三个或者更多的子市场。子市场的用户有着相同或相似的需求、相同或相似的购买行为和购买习惯。

因此，企业要想成功定位产品，就必须进行市场细分。因为对用户与竞争者有充分了解是产品定位的关键点。市场细分是由一系列活动组成的过程，割裂或者跳跃任何一个环节都会对市场细分的有效性产生影响。

案例

搜狐视频：细分网剧市场，瞄准女性市场

2016年暑期，一贯秉承精品制造的搜狐视频主打“暑期女生季”的概念，一连推出了《贴身校花》、《亲爱的，公主病》、《评价女王》三部网剧，精准定位女性网友这一细分市场，在网播量、用户口碑上都取得了不小的成绩。那么，搜狐视频是如何细分出女性市场的呢？

2016年暑期，多部超级IP剧接连上线，如《诛仙青云志》、《幻城》、《麻雀》、《微微一笑很倾城》，依靠强大的IP基础、一线主演阵容、投资过亿元的制作费用，在开播初期就获得了极高的关注度。尽管“IP剧”获得了不小的成绩，但在播出的众多IP剧中，真正“火”起来，形成现象级的却少之又少。“IP巨制”的热度已逐步减退。

因此，搜狐视频独辟蹊径，将方向转至网剧题材类型的细分上，紧盯女性市场，以此进行精准定制化制作，在IP剧当道的2016年暑期脱颖而出。

(1)依托粉丝经济，《贴身校花》开辟偶像团体集体出演影视剧先河(见图2-25)。

图2-25 《贴身校花》

粉丝经济近年来被证明了无数次，这些案例都足以证明现在已进入粉丝经济时代。粉丝已经从最初的单纯崇拜，发展成为偶像以及偶像的影视作品迈向成功的基石。

搜狐视频自制剧《贴身校花》成为2016年网剧市场玩转粉丝经济的典型代表，内地人气女团SNH48首次集体现身。甜蜜的爱情线和纷繁复杂的情感纠葛，让《贴身校花》成功吸引了一批忠实的女性观众。与此同时，搜狐视频大胆地将青春玄幻与都市题材相结合，打造浪漫爱情+热血励志的青春爱情故事，更是紧紧吸引了女性用户的目光，为“暑期女生季”打响了头炮。

（2）《亲爱的，公主病》：瞄准都市女性，套路之外惊喜频现（见图2-26）。

图2-26 《亲爱的，公主病》

《亲爱的，公主病》由泰国当红男星Mike搭档新人演员张予曦出演，高颜值组合吸引了不少女性的目光。

和以往灰姑娘逆袭主题的电视剧不同，该剧将“玛丽苏情节”玩到了极致。女主角不再是传统的脸谱化的“邻家单纯女孩”形象，而是少年漫画中“中二女主”的形象。

不同于以往的角色设定，女主角是货真价实的白富美，女二号则是楚楚可怜的灰姑娘。这种角色设定更符合现实，因而更受女性用户的认可。女主角的“腐女向”人设更契合了当下“反腐女”的文化潮流，与当下都市女性的情感更加贴近。因此，该剧是搜狐视频“暑期女生季”中最为独特的女性题材作品。

(3)《评价女王》：职场女性的真实写照（见图2-27）。

图2-27 《评价女王》

《评价女王》是搜狐视频“暑期女生季”的重磅剧目，它把目光瞄准了职场上普遍存在的女汉子。《评价女王》以职场女性为出发点，将当下职场女性的感情生活、工作状态通过一个平凡职场女性的奋斗史一一呈现出来，让女性用户感同身受。

《评价女王》更是将女性心理探索到底，饮食、SPA、男性、应对客户、应对领导以及工作中发生的各种事件，都是当下职场女性的高关注点。该剧将其做了非常细致的展现，其与现实中相似的情节，让女性用户对《评价女王》有了更高的认可度。

相关数据显示，三部作品均列入网剧排行榜TOP10。《亲爱的，公主病》更是数次登顶微博热门，该剧的微博话题量也高达9.5亿。

《贴身校花》、《亲爱的，公主病》和《评价女王》三部网剧作品在竞争激烈的网剧市场中如黑马般杀出重围，取得了优异的成绩。

总而言之，搜狐视频推出的这三部网剧精准地满足了当前女性用户的需求，填补了国内网剧题材的空白。

1．选定产品的市场需求范围

对产品运营市场细分的第一步就是选定产品的市场需求范围，意思是确定潜在的用户群体。需注意，产品的市场需求范围选定应尽可能的全面。

（1）列举潜在用户的基本需求。以地理、人口、行为和心理等几个方面的变量为出发点，对潜在用户的基本需求进行估算，包括刚开始出现或将要出现的消费需求。

（2）分析潜在用户需求。包括以下几个方面的内容，如图 2-28 所示。

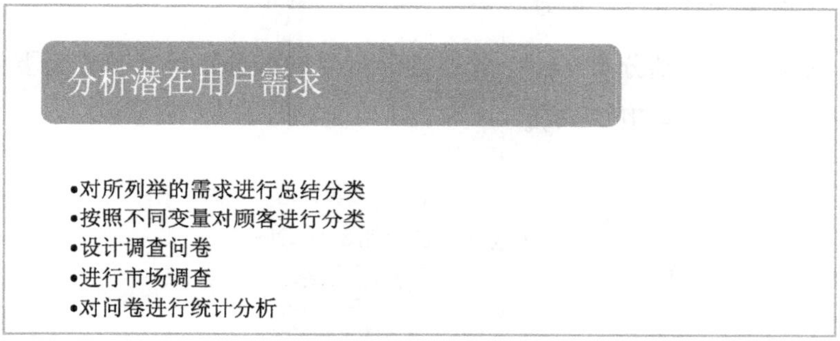

图 2-28　分析潜在用户需求包含的 5 项内容

腾讯网为了搜集用户需求，以便对市场做出进一步划分或提升产品体验，就专门设计了一个反馈专区，用户可以在此表达自己希望腾讯网提供哪些细分内容或对产品的体验（见图 2-29）。

图 2-29　腾讯网用户反馈页面

2．形成细分市场

（1）根据差异性需求细分市场。企业找到差异性需求之后，把与差异性需求相对应的用户细分变量和利益细分变量作为市场细分变量，在确定了所有的细分变量之后，再选择适合企业自身的细分方法，将市场划分为不同的群体与子市场，同时结合各细分市场的用户特点赋予每个子市场一定的名称，在分析中形成一个简明的、让企业自身与大众都容易识别与表述的概念。

（2）排除重复的细分市场。企业要排除重复的细分市场，首先就要弄清非重复细分市场的属性（见图2-30）。

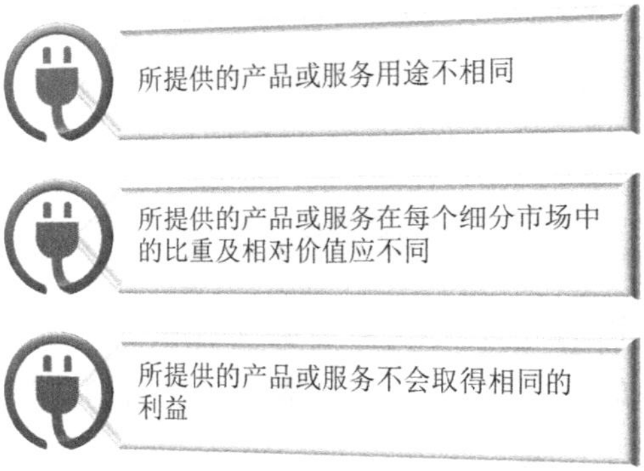

图2-30　非重复细分市场的三大属性

（3）拆分内部需求差异较大的细分市场。在这个拆分过程中，应注意在能取得经济效益的细分中，拥有用户数量的最低界限是什么、企业能够控制的细分市场数量是多少，而这两个限度主要是由企业自身综合实力的强弱决定的。

大燕网就是腾讯网细分出来的网站，在这个页面中，用户可以了解到自己所在地区的各种新闻。这种地区性的新闻更具针对性，对于用户也更有价值，因为用户可以随时了解与自己息息相关的、就发生在自己身边的事情。大燕网可以根据用户所在的位置提供新闻，比如用户的定位在北京，那么大燕网就会显示“大燕网北京站”（见图2-31）。

图 2-31 腾讯大燕网北京站

3．市场规模分析方法

（1）分析预测法。该方法主要包含三个方面的内容，如图 2-32 所示。

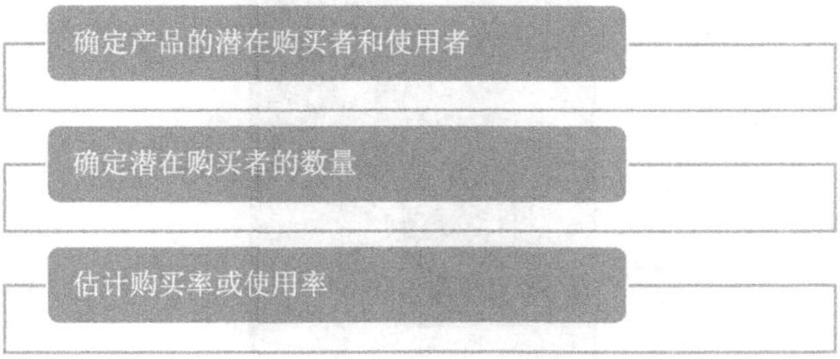

图 2-32 分析预测法的三项内容

（2）市场因素组合法。该方法要求辨别在每个市场上的所有潜在购买者，并且对他们潜在的购买量进行估计。

2.4.3 选择目标市场

企业在完成各项指标的分析评价工作后，下一步就要确定自己的目标子市场。在进行产品定位时，企业要以目前本市场上已经有的竞争产品作为参照，对用户的需求差异性进行更深入的了解，同时找出竞品的弱点，最后以此为基础选择目标市场。

虽然现在各个市场竞争激烈，但总会留有空白点，企业只要找出目标市场，并有针对性地提供用户在当时能够承担得起的产品或服务，就能赢得用户，在市场上占领一席之地。

案例

海报工厂：美图下的又一新兴子市场

近些年，各种摄影软件颇受用户欢迎，与此同时，摄影软件的市场也呈现出爆满的趋势。各个摄影厂商经过多年的厮杀，都在市场上占据了一定的位置。新的人想要进来很困难，各方想吞噬对方的市场份额也有点困难。但是，可以发现有一款摄影软件例外，它是摄影软件市场的霸主，占据了市场的大部分份额，而且从 2016 年开始还有慢慢吞噬其他软件市场的倾向，它就是美图秀秀。那么，美图秀秀是如何做到这一点的呢？其实很简单，就是在原有的大市场上开辟细分市场，推出针对子市场的新的产品，也就是海报工厂（见图 2-33）。

图 2-33　海报工厂

为什么美图秀秀要选择海报作为自己的子市场呢？原因有如下几点。

1. 深挖用户美图强需求，找出子市场

随着各类摄影软件的兴起，用户对于照片的要求也越来越高，除了要满足美颜、特效的需求，拼图也成为他们的强需求，简单的拼接已经无法满足用户的需求。因此，针对这个强需求，美图秀秀团队在原有的拼图功能的基础上推出一款全新拼图类、海报类 APP——海报工厂。

2．各类风格海报，把子市场做得更细

海报工厂推出后，就受到了用户的热烈欢迎。用户使用后的体验感也非常好，还会将之推荐给身边的朋友，形成了口碑传播。之所以能起到这样的效果，是因为海报工厂开发了各种风格的海报，能让用户普通的照片变身为时尚大片（见图2-34）。

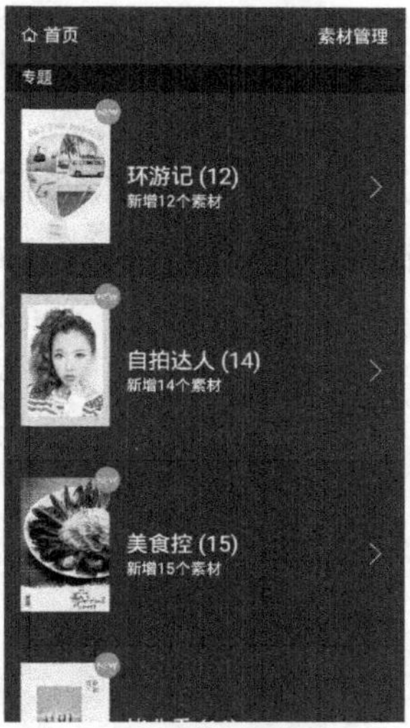

图2-34　各种风格的海报

（1）杂志封面风格。海报工厂拥有海报拼图素材，杂志封面的素材是为了满足用户对于人像拼图的需求。

（2）电影海报。电影是如今用户最喜爱的休闲项目之一。为了满足用户的电影情节，海报工厂专门设计了逼真的海报元素拼图，每张都有极致的电影视觉效果。

（3）美食菜单。很多人都喜欢美食，也喜欢晒美食。海报工厂的美食菜单为吃货们准备了丰富的美食拼图效果。简单的美食图片经过处理，立刻变成舌尖上的大片。

（4）旅游日志。旅途中记录身边的美景是很有必要的，海报工厂旅游日志风格的元素可以用来记录旅途中的人物与沿途美景。

当然，除了丰富的海报素材，海报工厂还能在照片上进行不同特效的选择，个性化定制用户的照片效果。

美图秀秀把海报作为摄影市场的细分子市场，然后通过完善各种各样的海报功能让这个子市场更加丰富，让用户在此得到更多、更好的体验。这就是海报工厂之所以能够成功的原因。

1. 有一定的规模和发展潜力

企业选择一个市场，就是希望这个市场能为自己获利。但是，如果这个市场规模狭小或处于萎缩状态，那么企业的愿望肯定会落空。企业需要与竞争对手保持相同的思维逻辑，将规模最大、吸引力最强的市场作为目标市场。现在很多企业动辄就把大中城市作为首选市场，对小城镇和农村不屑一顾。其实小城镇和农村一样大有可为。

京东现在显然就把握住了这一点，虽然刚开始京东也是以大城市为首要目标的，但现在已然把小城镇和农村市场作为其发展目标之一。京东现在已面向农村市场开发了各种产品，除各种生活用品之外，还包括化肥、农具等农村必需品，甚至已搭建了农村金融频道，专门针对农村用户。京东在农村的物流体系也正在逐步完善当中（见图 2-35）。

图 2-35　京东上的农村化肥专营店

2. 细分市场结构的吸引力

什么样的细分市场才具备吸引力？波特认为有 5 种力量决定整个市场或其中任何一个细分市场的长期的内在吸引力。这 5 种力量分别是：同业竞争者、潜在的或新加入的竞争者、替代产品、购买者和供应商。

1）细分市场内激烈竞争的威胁

判断一个细分市场有无吸引力的第一个标准就是“这个市场是否已经有了众

多强大或者竞争意识强烈的竞争者”。其具体表现为5个方面：一是细分市场处于稳定或衰退状态；二是生产能力持续扩大；三是固定成本持续提升；四是撤出上市的条件严格；五是竞争者投资成本很高。

2）新竞争者的威胁

判断一个细分市场有无吸引力的第二个标准就是“这个细分市场可能吸引会增加新的生产能力和大量资源并争夺市场份额的新的竞争者”。这个判断标准的关键点是新的竞争者进入市场是否很容易。如果不是，且受到原有公司的强烈阻拦，则表明这个市场有足够的吸引力；反之，则没有。

需要注意的是，每个细分市场的吸引力随其进退难易的程度而有所区别。按照行业利润观点来看，进入壁垒越高、退出壁垒越低的细分市场越有吸引力。如果进入与退出的壁垒都很高，则代表这个市场利润潜量非常大，但同时风险也很大。因为经营不善的公司无法安然撤退，必然坚守到底。如果二者均较低，则公司获得的报酬虽然稳定，但是不高。而最没有吸引力的市场就是进入壁垒低、退出壁垒高的细分市场。

3）替代产品的威胁

判断一个细分市场有无吸引力的第三个标准是“这个细分市场存在着替代产品或者潜在替代产品”。因为替代产品会对细分市场内价格和利润的增长进行限制，面对这种情况，企业需密切注意替代产品的价格趋向。因为一旦某个替代产品行业的技术得到发展或竞争日益激烈，其利润和价格就会受到极大的影响。

4）购买者讨价还价能力增强的威胁

判断一个市场有无吸引力的第四个标准是“这个细分市场中的购买者的讨价还价能力很强或正在增强”。因为购买者在压低价格的同时还会对产品质量与服务提出更高的要求，同时让竞争企业之间相互争斗，而企业的利润就会受到伤害。

5）供应商讨价还价能力增强的威胁

判断一个细分市场有无吸引力的第五个标准是“如果企业的供应商能够提价或者降低产品和服务的质量，或者降低供应数量”。如果供应商出现以下几种情况，则代表供应商讨价还价能力强大：一是供应商有组织或集中；二是替代产品少；

三是供应商供应的产品是重要投入要素；四是转换成本高；五是供应商可以向前实行联合。要解决这个问题的办法就是企业与供应商建立良好的关系并开拓多种供应渠道。

3．目标市场的选择策略

目标市场的选择策略主要包括三个方面：一是无差异性目标市场策略；二是差异性目标市场策略；三是集中性目标市场策略（见图2-36）。

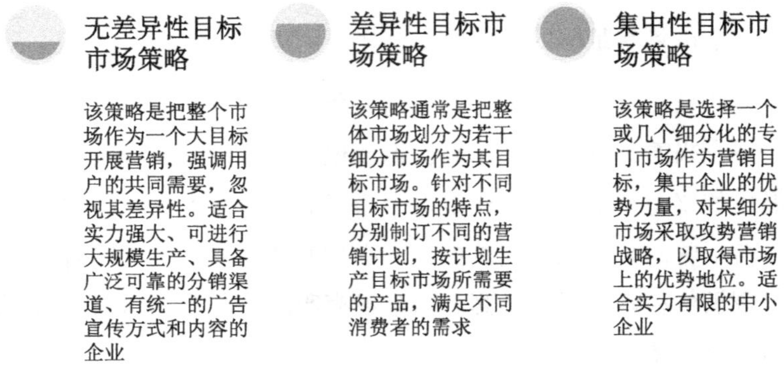

图2-36　目标市场选择策略的三项内容

显然，美图秀秀的海报工厂就做到了这一点。首先，美化照片是用户的共同需要；其次，海报中不同的风格类型满足了用户对于美化照片的不同要求；最后，美图秀秀在选择海报作为子市场之后，就集中企业的设计优势，单是设计师就多达十几位，设计出了各种各样的有新意、有创意的海报，而美图秀秀也通过海报工厂让自己的市场份额得到了进一步的提高。

3

用户运营是根本，挟用户才能“令”诸侯

互联网时代，用户是互联网企业最重要的资产。谁能了解用户、成功俘获用户，谁就能成为“快鱼吃慢鱼”时代的快鱼，谁就能成为“挟用户令诸侯”的那个诸侯，否则你就注定成为“成王败寇”中的那个败寇。

3.1 什么是用户运营

什么是用户运营？每个人都有自己的一套标准和看法。如何去理解用户运营，其实可以先参考运营领域精英对于用户运营的理解。

美团电影韩叙：用户运营是指通过运营手段提升用户的贡献量、活跃度和忠诚度，一般出现在用户类产品或综合产品中的用户模块的运营。

知乎运营大神张亮：用户运营是指以网站或产品的用户的活跃、留存、付费为目标，依据用户需求，制定运营方案甚至运营机制。用户运营的核心是开源、节流（减少流失）、维持（促进活跃及提高留存）、刺激（转化付费）。

创新工厂金璞：用户运营的核心是把活跃用户的规模往上提，方式有两种，即开源和节流，开的是注册的源，节的是流失的流。还有一种，那就是保活跃，让不活跃用户变活跃、让活跃用户更活跃。

大街网韩利：内容运营和活动运营都是手段，目的都是为了提升用户运营的终极目标，都是做留存、促活跃，提高活跃用户数。

百度百科：用户运营指以用户为中心，遵循用户的需求设置运营活动与规则，制定运营战略与运营目标，严格控制实施过程与结果，以达到预期所设置的运营目标与任务。

在互联网领域，关于什么是接口、什么是概念，有一套标准、固定的答案。而对于用户运营，不同的行业、不同的从业经验却有着不同的看法，可以说它没有一个标准答案。但有一点是不变的，就是用户运营是与用户相关的，所推出的一些手段、策略、计划都是针对用户的。

3.2 演变，用户运营内容的进阶之路

互联网出现这么多年，早已产生了巨大的变化，从互联网到移动互联网再到互联网+，互联网已经历了多次蜕变。与互联网息息相关的用户运营内容也在不断地发生变化，从一对一运营到一对多运营，再到粗放式运营，再到现在的精细化运营。

3.2.1 一对一运营

一对一运营是用户运营内容发展的第一阶段。此时产品刚出来，再加上企业也是新企业，没有任何知名度，没有人了解企业以及企业的产品，因此，产品是很难吸引到用户的。此时，用户运营内容就是与第一个使用自己产品的用户进行一对一的沟通。

以 QQ 为例，QQ 出现时，互联网在中国并不普及，只有一些大企业员工使用 MSN，QQ 的用户少之又少。因此，腾讯团队对出现的第一批用户是非常重视的。QQ 上线后，腾讯终于等来了第一个用户，注册 ID 是小林。腾讯此时就要想，只有小林和我两个用户，如果小林发现没有朋友聊天是否就会离开了呢？于是加小林为好友，开始进行一对一的深入聊天。而这种一对一的聊天彻底让小林成为忠实用户。

3.2.2 一对多运营

一对多运营是用户运营内容发展的第二阶段。配合企业为产品所做的推广宣传，以及第一个用户的良好体验，吸引新的用户到来，使用户数量不断增长。此时，用户运营内容就从一对一转变为一对多。

就像第一个使用 QQ 的小林，认为 QQ 很不错，于是给身边的朋友介绍了 QQ。一来二去，小林让身边 10 个好友申请了 QQ。腾讯此时的工作就从一对一变成一对多。为了让这 10 个新用户都能像小林一样介绍新用户进来，腾讯决定复制对小林的服务模型，同时和 11 个用户聊天。此时腾讯已经有点吃力，但仍能坚持。新来的 10 个用户觉得 QQ 不错，也都各自推荐了 10 个朋友使用 QQ。

3.2.3 粗放式运营

粗放式运营是用户运营内容发展的第三阶段。此时，产品已经吸引了一定量的用户。粗放式运营就是以规模取胜。意思就是产品有了大量用户，现在这个阶段就是要发展更多的用户，为用户提供更多的利益。而运营的内容也慢慢变宽，不再像过去那么细致，到了只看大数据的阶段。

就像 QQ 把 MSN 打败之后，QQ 已经有了几亿用户。腾讯要面对的是数以亿计的用户。这些用户也有了自己的好友，无须和腾讯聊天，腾讯也没有时间、技术去和大量的用户聊天。而且在有了用户规模之后，腾讯关注得也没那么精细，而只关注大数据了。

3.2.4 精细化运营

精细化运营是用户运营内容发展的第四阶段，这是由市场需求决定的。随着市场的变化，企业发现过去它们所做的粗放式运营已经无法有效地提升和增加用户量，而且不够细腻的粗放式服务也越来越受到用户的诟病。为了提升用户量并且留住用户，一些企业开始寻找新的产品运营方式，即将粗放式运营转变为精细化运营，给用户提供更好、更细腻、更具个性的服务。

比如 QQ，因为很多人看到了即时通信领域的商机，于是纷纷加入这个领域，此时的 QQ 面临着众多强大的竞争者。原先不够细腻的粗放式运营不但无法提升用户量，而且让用户不断流失，用户纷纷转向新的产品中，看对方是否能提供更好或更新鲜的服务。因此，QQ 不得不转变运营方式。经过分析，腾讯发现同城好友聊天最多，于是在注册表单上应用了城市字典，用户在注册时必须选择哪个城市，给用户提供同城好友；接着又发现，异性聊天比同性聊天的频率更高，于是在注册表上增加了性别。诸如此类的新功能层出不穷，QQ 从最初的粗放式运营转变为精细化运营。这种精细化运营的方式让 QQ 留住了用户，打败了其他竞争对手，成为即时通信领域的王者（见图 3-1）。

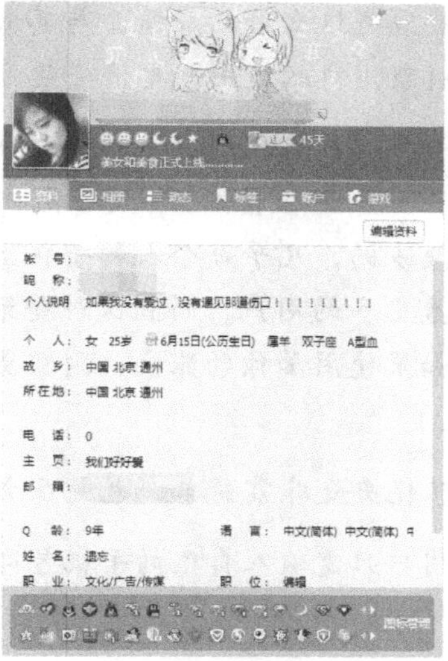

图 3-1 QQ

3.3 开源，拉动新用户

开源，指用户规模的扩大，通常落脚点是访客量和注册用户数。可以说，开源是产品用户运营的第一步，如何拉到第一批用户是许多企业运营产品都需要充分重视的问题。

3.3.1 绑定注册带来更多用户

经过多年的发展，互联网产品的注册渠道已经非常成熟。除了产品自身的注册入口，和站外产品的合作、商业推广、绑定注册的渠道等方式已经相当成熟，绑定注册的渠道也逐渐被各大产品所应用。

案例

喜马拉雅 FM：绑定注册迅速吸引新用户

喜马拉雅 FM 是中国最大的音频分享平台，2013 年 3 月正式在手机客户端上线，手机用户规模已突破 8000 万人，是国内发展最快、规模最大的在线移动音频分享平台。

喜马拉雅FM之所以能取得这么好的成绩，与其成功的用户运营分不开。其对绑定注册的渠道，以吸引新用户的运用，更值得学习。

打开喜马拉雅FM的手机客户端就可以看到，其在登录方面借力了社交账户绑定注册，这三个社交账户分别为微信账户、QQ账户和微博账户。这三个社交账户都是国内注册用户数最多的，几乎每个人的手机上都会有这些软件。选择这三大社交软件账户可以覆盖更多的用户。而且这种登录方式也让喜马拉雅FM的用户登录快速便捷很多。如果使用单独的账户，则需要先注册，很多用户可能就直接放弃使用了（见图3-2）。

喜马拉雅FM的注册转化更是非常简单，也就5个步骤。

第一步：手机注册。用户只需输入自己的手机号即可（见图3-3）。

图3-2　社交账户直接登录

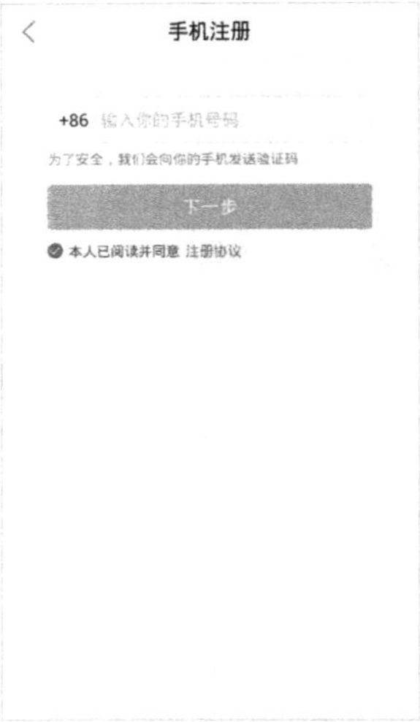

图3-3　注册引导第一步：手机注册

第二步：输入验证码。之所以会多了这个步骤，是因为担心恶意注册过多，从而导致安全出现问题。这一步骤不仅保证了平台的安全，也保证了用户的安全（见图3-4）。

第三步：输入手机接收到的验证码。这同样是为了用户的安全考虑（见图3-5）。

第四步：设置密码。这一步骤是所有的产品账号注册都必需的（见图3-6）。

第五步：设置昵称。输入自己喜欢的昵称即可完成注册（见图3-7）。

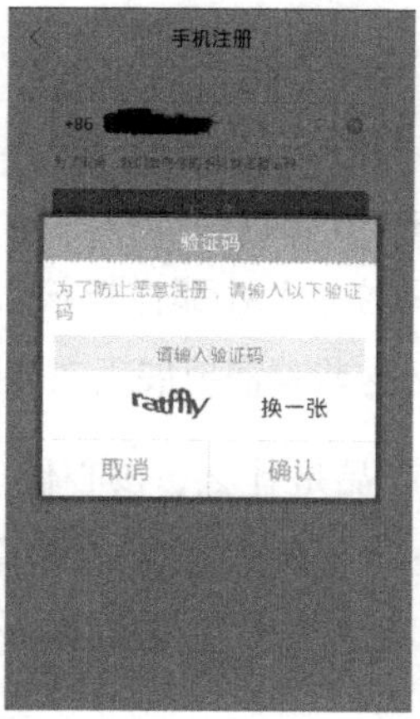

图 3-4　注册引导第二步：输入验证码

图 3-5　注册引导第三步：输入手机接收到的验证码

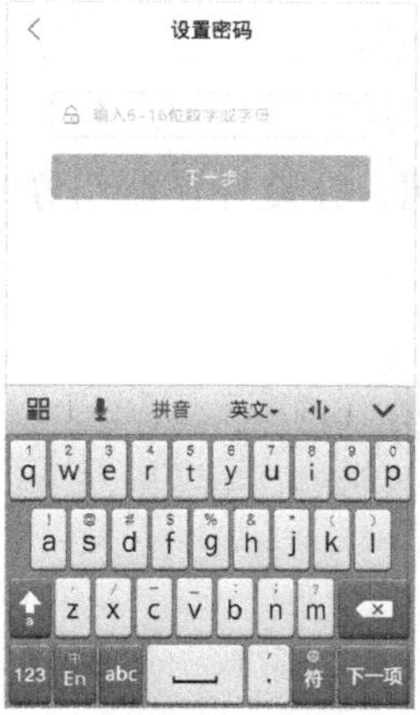

图 3-6　注册引导第四步：设置密码

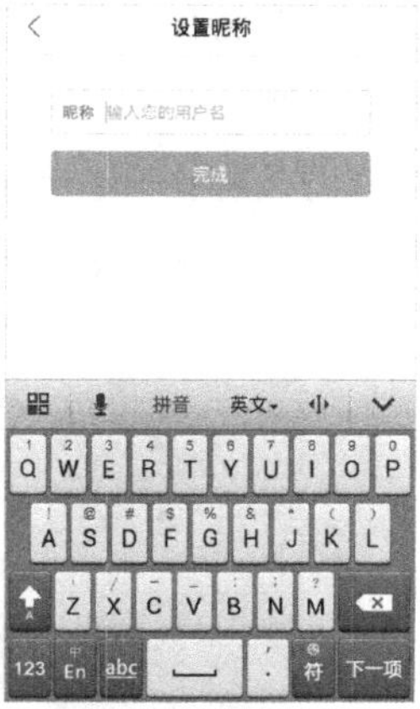

图 3-7　注册引导第五步：设置昵称

从喜马拉雅 FM 的注册引导中我们可以发现，它的注册引导内容并没有把产品功能展示以及产品核心价值体现出来。这是因为它把追求简单、简洁作为注册引导设计的核心。关于产品核心价值的体现，喜马拉雅 FM 在打开页面上就完成了。关于功能使用，喜马拉雅 FM 的功能使用很简单，点开频道即可使用，无须引导。

1．借力社交账户绑定注册

绑定注册，就是在其他产品上注册的用户，通过授权也被认为是已经注册的用户。这种注册方式可以大幅降低企业获取用户的成本。比如，现在较为常见的第三方应用登录页面，提示可以用新浪微博、QQ、微信账号直接登录，这就是一种绑定授权的方式，可以快速增加用户规模。

2．做好注册转化，把握设计原则

注册引导是用户注册进来以后的重要环节，是教育用户的第一步。注册转化对于很多企业来说是一个难题，因为过程非常细节化，只要有一点做得不好，用户的注册转化就失败了。如果某些企业无法做到像喜马拉雅 FM 那样把核心价值体现在打开页面上，把产品功能的使用做到极致简洁，那么这些就需要展现在注册引导上。

通常，企业需要通过注册引导告诉用户自己的产品是什么、核心价值是什么、能够为用户提供什么样的服务、用户如何使用这个产品来满足自己的需要。用户只有完全通过注册引导流程到达产品的使用界面，才算从注册用户转化成一个真正的用户。

需要注意的是，这个过程流失率非常高。从数据统计来看，每增加一步注册引导，就会让注册转化成功率下降 10%。如果产品的注册有 5 个步骤，那么用户基本就流失了一半。但是不做注册引导又很难让用户全面了解产品，用户会因为不知如何使用而放弃产品。所以，要避免这些问题，在设计注册引导时就必须把握以下几项原则，如图 3-8 所示。

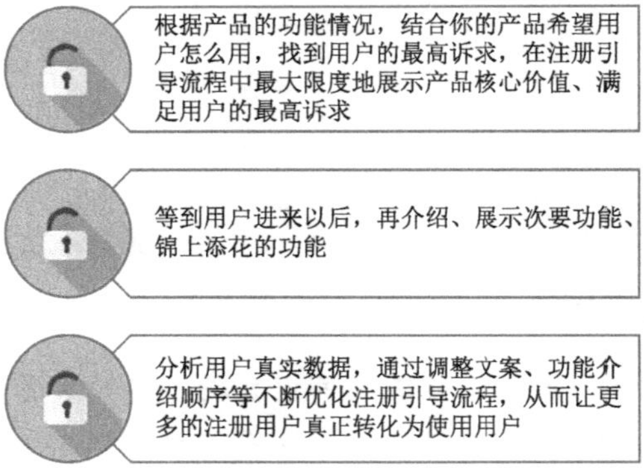

图 3-8　注册引导页面的三大设计原则

3.3.2　设置“爆款诱饵”

什么是“爆款诱饵”？可以这么理解，去餐厅吃饭，我们有时候会看到菜单上某样招牌菜价格非常低廉；我们去超市或商场购物，也总能看到个别畅销品类在大打折扣。这就是“爆款诱饵”。

案例

QQ：腾讯最好的爆款诱饵

腾讯是互联网三大巨头之一，腾讯旗下有无数款产品，基本上每款产品都给腾讯带来了极大的利润。分析腾讯这几年推出的产品，可以发现，它们都在推出后的短时间内就获得大批用户，并形成利润。是什么原因让腾讯的产品可以这么快获得成功呢？其实就是QQ，它是腾讯的核心，所有的产品引流都是围绕着QQ进行的。QQ就是腾讯的“爆款诱饵”。那么，腾讯是如何运营这款“爆款诱饵”的呢？

（1）用户永久免费使用。QQ一推出就采取了免费策略，虽然曾经因为资金问题采取过收费下载，但是却导致新用户增长缓慢。为此，QQ果断放弃了收费的想法。免费永远是产品成为爆款的必备品质，特别是在互联网行业。因此，腾讯就一直让用户免费使用QQ。免费的产品自然能吸引大批用户的关注（见图3-9）。

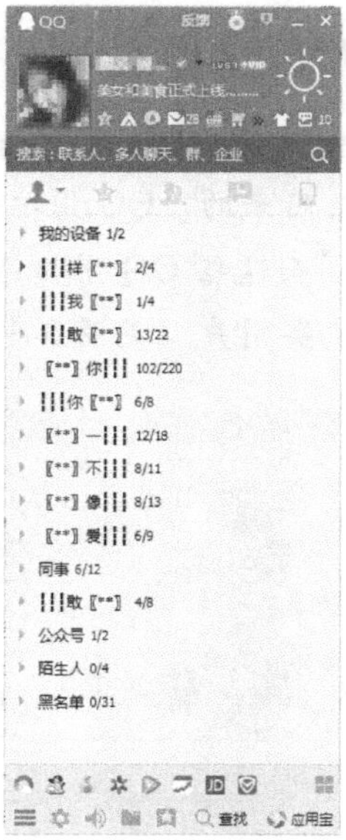

图3-9　用户可永久免费使用的QQ

（2）提供增值服务。在传统行业，如果把产品的绝大部分送人，仅仅收取一小部分费用，那么这家企业一定生存不下去。但这种现象在互联网行业却能经常看到，QQ依靠免费吸引到大批用户之后，就开始采取收费策略。当然并不是说使用QQ收费，而是在部分新增功能上收费，而这些新增功能都是根据个别用户的需要设置的，不需要这些功能的用户仍然可以免费使用基础功能。

这些增值功能包括 QQ 会员、QQ 秀、黄钻等，10 元即可开通一个月。腾讯利用这些 QQ 增值功能改变了以往只烧钱不赚钱的状态，同时还保证了用户不会流失（见图 3-10）。

图 3-10　QQ 的增值功能

(3) 把 QQ 用户导流给其他产品。QQ 用户是腾讯的第一批用户，其旗下产品的大部分用户都是由 QQ 导流而来的。QQ 用户保证了腾讯其他产品的用户量、使用量，降低了前期推广费用，而这些 QQ 用户还可帮助腾讯的其他产品吸引新用户，甚至转变为这些产品的忠实用户（见图 3-11）。

图 3-11　腾讯旗下依靠 QQ 导流用户的部分产品

通过以上分析可以发现，QQ 这款“爆款诱饵”打造得非常成功。

1．爆款诱饵可带动其他产品的销量

商家靠爆款诱饵吸引用户到店内，而这件作为“爆款诱饵”的产品本身就是不赚钱甚至是亏本的，但是靠这些用户购买其他正常价格的产品可以把利润赚回来。虽然有的商家还是会亏损，但是用户体验过它的商品及服务后，将来还是有可能复购的，通过之后的购买，商家依然可以赚得利润。

产品运营也是同样的道理。在企业所提供的服务或者产品矩阵中，最好能有一款“爆款诱饵”来吸引种子用户。以一款产品或一项服务作为引流点，带动产品矩阵内其他产品或者服务的销售，这就是“爆款诱饵”的意义所在。

2．体验感是爆款的王道

一款产品之所以能吸引用户成为爆款，除免费或低价之外，最重要的一点就是绝佳的体验感。没有好的体验感，即使免费，用户也不会下载使用，更不用说由这些用户所引发的口碑传播了。所以，企业在运营产品时，不要认为既然是免费的就不关注体验感了，免费的东西用户是不会挑三拣四的。这是极其错误的想法。像QQ、微信、百度地图等都是让用户免费使用的，难道它们不关注体验感吗？它们反而因为免费而把体验感做得更好，让这些因为免费而吸引来的用户获得更好的体验，从而成为忠实用户，最终成为价值用户（见图3-12）。

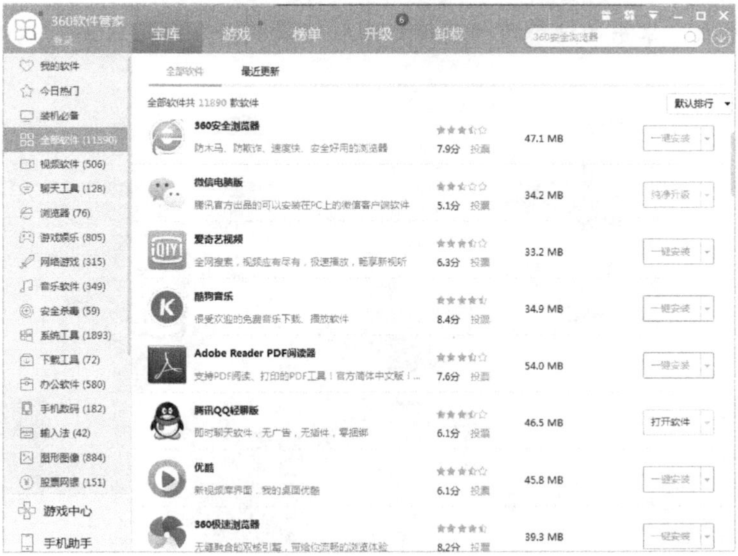

图3-12　部分免费互联网产品的评分

3.3.3 内部邀请引流

内部邀请引流，指的就是通过设置内部邀请机制，鼓励老用户邀请新用户。这是多数互联网产品都在使用的方法，其被广泛应用这一点就已经证明了该方法的有效性。这种方法其实很好理解，比如你去吃火锅或吃韩餐，拍一张照片发到朋友圈，你就能获赠一份甜点；或者你去吃肯德基，结完账后店家给了你两张优惠券可以下次使用，结果你没有时间使用就给了朋友，让朋友去吃，这就是帮肯德基做了一次“内部邀请引流”。

案例

京东图书：邀请 20 人，可获满 200 元减 100 元图书礼券

现在网上图书市场有亚马逊、当当网和京东，亚马逊和当当网是网上图书市场的老资格了，相比于它们，京东图书真可算是后辈，京东图书比它们起步晚了很多年。但是，现在的京东图书却已经可以和这两大老前辈并驾齐驱，成为三大巨头之一。这除了京东本身庞大的用户量，京东图书的内部邀请机制也功不可没。

京东图书常年在页面上设置一个“邀请 20 人，可获满 200 元减 100 元图书礼券”活动。要知道，京东图书本身打折的力度就非常大，除了已经打折的，还经常有满减的活动，如果再加上这张礼券，那么用户购买一本图书的花费就变得非常低。所以，京东的这个内部邀请机制非常吸引用户（见图 3-13）。

图 3-13 京东图书的“邀请 20 人，可获满 200 元减 100 元图书礼券”活动

京东图书内部邀请活动的参与方式如下：

邀请好友来京东图书音像微信（不是自营微店，别加错了啊）（见图 3-14）。

邀请好友可获满 200 元减 100 元图书礼券。

图 3-14 京东图书音像微信号

每人每次活动可参加 3 次，每位新关注粉丝只可发送一位好友名称。

请注意：

被邀请的好友进入后，发送邀请人的微信昵称，计为一票；

被邀请人加入成功后的截图汇总后，请于 24 小时内回复本帖并发送至 mengyu@jd.com（邮件中也要有微信截图发到本帖的截图，以及在社区里回复帖子的截图）参与领奖；

在我审核期间，被邀请人取消关注，邀请人取消本次活动资格；

凡是有乱写、非本人邀请的，一律取消本次及以后活动的中奖机会（诚信问题）；

本活动全部公开透明，大家在帖子里监督，我在后台随时查询，如有违规，欢迎举报，发现一人多次被邀请等情况，一经查实，给予举报人礼券的奖励；

新人加入京东图书音像微信的时间要晚于 2016 年 10 月 1 日 0 点；

取消关注重新加入者按照违规处理，取消所有关联人的中奖资格；

中奖用户请在收到礼券兑换码 24 小时内兑换完毕。10 月 30 日 23 点前使用完毕。10 月 28 日 12 点后，再发邮件，恕不回复，活动截止；

如 300 张礼券发完，活动也将自动截止。

邮件示例：在发送邮件时要包含图 3-15 中画横线的部分。

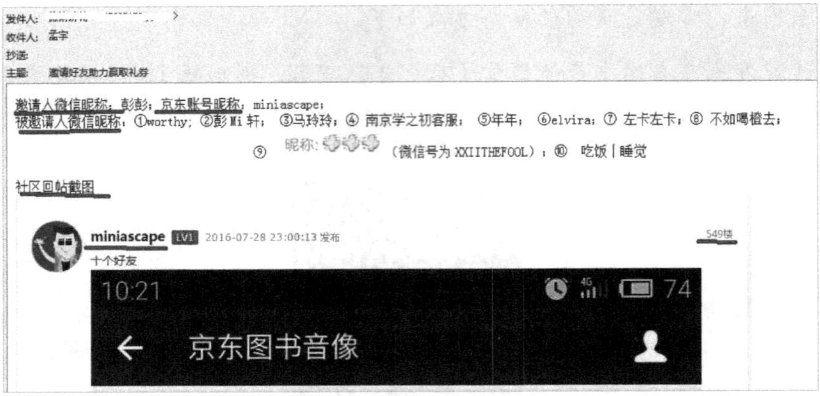

图 3-15　邮件示例图

邀请后发邮件时请注意：

（1）邮件正文必须包含邀请人的微信昵称、京东账号昵称以及被邀请人的微信昵称。

（2）每个用户只能发一遍邮件，重复发送会归为垃圾邮件（换邮箱发内容相同的也不可以）。

（3）如果有违规操作，骗取礼券等情节，则直接拉黑，以后就可以跟社区抢券等活动说“拜拜”了。

（4）在社区帖子里不能有好友的昵称等信息，这属于个人隐私问题，一经发现，取消领券资格。

凡是加入好友又取消重新加入的，一经发现，直接拉黑（以后参与抢礼券、社区活动都会受到影响）！

1．内部邀请条件不要设置得太高

内部邀请机制就是为了让老用户去吸引新用户。所以，企业在设计这个邀请机制时，千万不要把条件设置得太高。如果条件太高，那么用户一看就失去了兴致。

京东图书此次的内部邀请条件设计就犯了这个错误，它的条件是邀请 20 人才可获得，以前邀请 10 人即可。现在一下子把难度提高，不但降低了用户的参与热情，还使得用户对京东图书产生了负面情绪，很多京东用户都在活动页面评论区抱怨（见图 3-16）。

图 3-16　用户纷纷评论“太困难”

2．奖励一定要有实质性

内部邀请的奖励一定要有实质性，奖励太少或者没什么用，用户的参与热情通常都会很低。像一些积分、勋章奖励之类就没什么吸引力，像京东图书这样发放优惠券是一种好方法，但是不要给优惠券设置条件，比如不能和其他优惠券一起使用、过了多久优惠券没使用就失效了等，这样很容易降低用户的参与热情。

这一点爽哥英语就做得非常好，其内部邀请奖励是钥匙。在爽哥英语上，开启一个新关卡是需要钥匙的，而且钥匙得花钱买。从图 3-17 中可以看到，分享邀请码“gv6do”，被邀请人填写邀请码后，邀请人和被邀请人可各得到 50 积分（积分可用来购买商城商品）；被邀请人绑定手机号码后，邀请人可获 3 把钥匙，被邀请人可获 5 把钥匙。

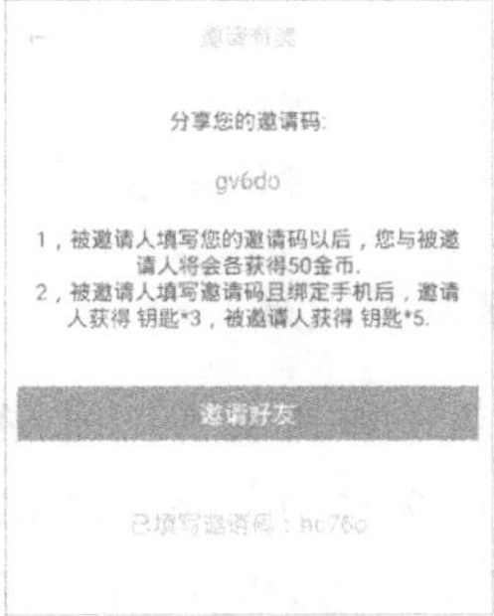

图 3-17　爽哥英语的内部邀请奖励

3.3.4 给用户一个分享的理由

我们经常在朋友圈里发现一种现象，就是好友都转载了相同的文章，而且这两个好友之间也不是好友关系。那么，是什么原因让两个毫无关系的好友都在朋友圈里发表了相同的内容呢？其实，原因很简单，就是因为这篇文章给了用户一个分享的理由。

案例

支付宝十年账单，疯狂刷爆朋友圈

2015 年 12 月 8 日，支付宝推出了“十年账单”的活动，微博、微信瞬间被各类晒单刷屏，引发了朋友圈晒单的狂潮。为什么只是一个简单的晒账单活动，就能引爆朋友圈，让用户纷纷跟风，让更多的人知道支付宝这个品牌？其实原因很简单，就是支付宝给了用户一个晒账单的理由（见图 3-18）。

图 3-18　支付宝账单功能

1. 准确抓住了用户的“攀比”心理

支付宝“十年账单”的火爆是因为其非常准确地抓住了用户的心理，用户晒单的初衷里多多少少夹杂着相互攀比的想法，这便是支付宝账单排行的魅力。排名越靠前，证明你网购越多、花的钱也越多，也从侧面印证了你的经济条件不错，而好的经济条件自然能提升人的优越感（见图 3-19）。

2．晒单趣味性才是关键点

其实，很多人都有生活记账的习惯。支付宝十年账单则把用户记账的习惯从自己记录变成了由专业化的数据库记录，其目的就是从记录个体的开支扩展到记录国民的消费习惯。恰好2015年是支付宝推出十周年，这个账单功能比以往多了几分趣味性。

登录支付宝账单查阅时就可以发现，支付宝以故事形式告诉用户在支付宝里的成长足迹，如第一笔网购时间、第一次转账时间、第一次缴电费时间、第一次买余额宝时间，甚至第一次用滴滴打车的时间、第一次买彩票的时间等，都做了一一展示。此外，它还推出了一个新功能，即“我去2024——根据过去十年的数据，预测十年之后的财富值”（见图3-20）。

图3-19 用户晒过去十年支付宝账单记录

图3-20 用户预测十年之后的财富值

不少用户在使用了这个新功能之后，发现自己以后“钱途”光明。由此，在朋友圈以及各种社交聊天工具中兴起了晒单比拼的风潮。

1．产品内容充分打动用户

互联网产品如何做到像支付宝“十年账单”一样，引发朋友圈的分享狂潮呢？首要的一点就是产品内容充分打动用户。用户分享的第一个理由永远是好的内容，如今是内容为王的时代，如果你的内容无法打动用户，获得用户的认同，那么用户怎么可能会将之分享给自己的朋友呢？

什么是好的内容呢？首先就是用户感觉到了极佳的体验感，在同类产品中你的产品是用得最舒服的；其次是让用户感受到了价值，你的产品为用户解决了痛点，或者让用户学到了新的知识。有极佳的体验感、给用户价值感就是好的产品内容。

2. 把握分享人群特征，让用户主动分享

每个人分享的互联网产品都是不同的，会分享的原因也不一样。所以，企业如果想让用户分享自己的产品，就要把握分享人群的特征。分享人群主要分为以下几种（见图 3-21）。

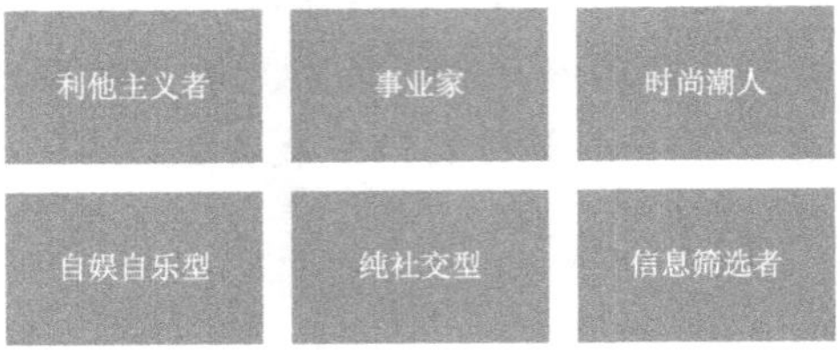

图 3-21　6 种分享人群类型

（1）利他主义者。利他主义者分享的动机来自分享互助本身，他们希望自己能被当作可靠的信息来源。

（2）事业家。这种类型的用户通常受到过良好的教育，并且希望通过在社交平台上分享内容来提高自己的声誉。他们比较倾向于分享比较严肃和专业题材的内容。因此，他们在分享互联网产品时，也比较喜欢分享专业性的产品。

（3）时尚潮人。时尚潮人都是生于信息时代的年轻人，他们喜欢在社交平台上分享前沿的时尚创意信息。因此，他们喜欢分享如蘑菇街、美丽说这类与时尚相关的产品。

（4）自娱自乐型。这类用户只要获得评论就会很满足，因此只要是他们认为很不错的互联网产品，都会在朋友圈里进行分享。

（5）纯社交型。这类用户通过分享内容和他人保持联系，分享内容对他们来说是很随意的事情。所以他们会分享的互联网产品和自娱自乐型一样，只要是自己觉得好的互联网产品，都会在朋友圈里进行分享。

（6）信息筛选者。这类人群对于他们的分享内容和对象具有较高的选择性，深思熟虑之后才会对内容进行分享。因此，这类人群分享的互联网产品，自己都会先试用一段时间，认为体验感极佳的，他们才会进行分享。所以，要想让这类人群分享你的互联网产品，一定要做好体验感。

3.4 节流，防止流失与流失挽回

当互联网产品积累了一定的用户量之后，接下来的重点工作就是节流。节流的内容包括两个方面：一是防止流失；二是流失挽回。前者是防止用户流失；后者则是既然用户流失无法避免，企业就要考虑如何挽回流失的用户。

3.4.1 给用户留下良好的第一印象

给用户留下良好的第一印象，就像跟别人见面时自己给对方留下良好的第一印象。一个人给其他人留下良好的第一印象的评判标准是有教养、有亲和力、有内涵等，而互联网产品给用户留下良好的第一印象的评判标准就是“好体验”。这个“好体验”包括很多内容，如漂亮简洁的外观设计、便捷流畅的操作体验、完善好用的产品功能，这是最基础的三点。只要产品拥有这三点，就能给用户留下良好的第一印象，这样用户就会继续使用下去，而不是将产品卸载或丢弃。

案例

英语流利说：第一款产品就让人惊艳

英语流利说是一款英语口语练习软件，曾获得苹果官方 App Store“2013 年年度精选”APP，是语言类唯一入选的 APP，获得总榜排名第二、教育类排名第一、教育类新品推荐第一。从 2013 年上线到 2016 年，英语流利说官方公布的注册用户数据已经从 2000 万增至 3000 万，在这三年间共收集了 2.75 亿分钟的用户数据和 31.9 亿句录音数据，内容覆盖生活、商务、职场、旅行等各类场景。这组数据足以证明英语流利说的表现非常出色（见图 3-22）。

英语流利说之所以能取得这么好的成绩，与其成功的运营方式不无关系。英语流利说在第一次推出时，其大方简洁的外观、操作流畅的体验、完善好用的功能就让用户觉得非常惊艳。因此，它才能在上线的第一年就取得了苹果总榜排名第二的好成绩。

英语流利说的“绿色外观”：这款软件的界面设计非常简洁，以绿色为主，以灰色为辅，并没有过多纷繁的颜色搭配，不会造成用户的视觉负担。其 Logo 的设计也非常可爱大方，一个类似开口笑的表情，绿色与灰色相交映，给人的感觉非常舒服（见图 3-23）。界面的功能设计也非常简洁，就三个主要功能，分别是流利说、流利吧、流利小组，所有与英语相关的信息都包含在这三个频道中，简洁而不简单。

图 3-22　英语流利说

图 3-23　英语流利说 Logo

英语流利说的“超流畅体验”：该款软件最让用户喜欢的就是它超流畅的操作感，其第一版的流畅感就远远超出了同类产品。用户只要点击软件，添加喜欢的课程，然后进入课程中，就可以看到有“修炼”和“闯关”两大部分（见图 3-24）；接着再点击“修炼”，其中包括语音示例、录音、录音与语音、提问等，待用户修炼完成即可进入闯关模式。所有操作一气呵成，简单快速，又不遗漏任何重要部分，让用户觉得非常顺畅。

图 3-24　修炼与闯关

英语流利说“简洁而不简单的功能”：该款软件最让人惊艳的就是其功能的完善性，与其他第一次推出的教育类软件相比，英语流利说可以说既做到了自己的特色，又充分满足了用户学习英语时的各种需要。英语流利说只有三大板块，分别是流利说、流利吧、流利小组。流利说就是练习口语的板块；流利吧担负着社交功能，里面有各种各样的学习圈子；而流利小组则是用户的个人资料。重点是流利说这个板块，这个板块最让人惊艳的地方就是具备打分功能。比如在练习阶段，会用红色、黑色、绿色来表明用户的发音情况，红色是完全不标准，黑色是一般，绿色是标准，并以五颗星为评判分数，用户只要得到 80 分以上就可得到五颗星（见图 3-25）。流利说还设计了单词发音练习功能，只要长按该单词，就会弹出练习部分，包括重点发音部分讲解、发音方法讲解、练习部分。如果没有达到标准，就会要求进行再次录音（见图 3-26）。

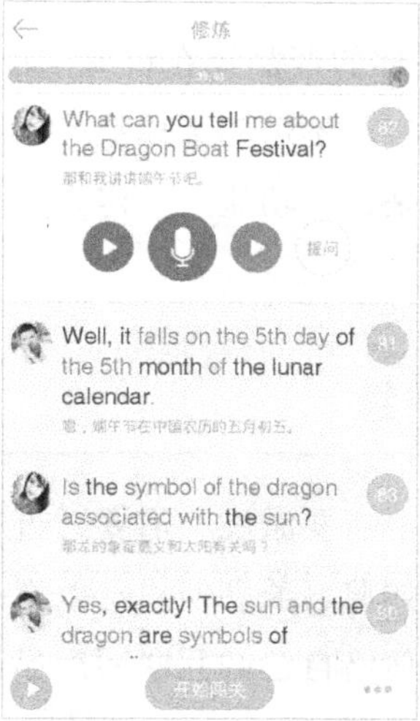

图 3-25　评分功能

图 3-26　单词发音练习功能

对于这些功能，英语流利说在发布第一个版本时就做到了极尽完美，给用户留下了非常好的体验感。英语流利说上线后并没有做任何推广，都是经由用户的口碑宣传，而这个口碑就是由第一批用户首先形成的。

1. 简洁的外感设计

人都是感官动物，都喜欢漂亮的事物。所以，产品的外观设计一定要大方简洁或雅致美观，让用户看到第一眼就会喜欢。这就像我们去买衣服，在逛商店时，我们先看到衣服的款式漂亮，才会要求售货员让我们试穿。互联网产品也是如此，第一眼看到外观符合自己的心意，才会进行下一步的动作：下载或试用。

2．便捷流畅的操作体验

便捷流畅的操作体验是防止用户流失的关键点。一款产品因为外观获得了第一批用户，但用户在使用时却发现这款产品“徒有华丽外表”，功能操作体验感非常差。比如一款 APP，点开页面需要缓冲一会儿，打开某个功能半天才有反应，那么用户就会立即选择放弃。所以，要给用户留下良好的第一印象，首先就要给用户提供便捷流畅的操作体验。就像我们买衣服，因为款式好看，决定去试衣间试一试，却发现质量不好，到处都是线头，那么肯定会放弃购买的打算。

3．完善好用的产品功能

多数人都说，互联网时代讲究的是“小步迭代”，所以在推出新产品时，功能弱一点没关系，以后再慢慢提高就好了，但这是建立在基础功能完善的基础上的。而且现在每个市场都有人在竞争，如果你的产品还在讲究“小步迭代”，其功能还没有达到同类产品的标准，那么用户自然不可能选择新产品而放弃已习惯使用的产品。要想让用户使用后就马上留下来，在功能上一定要超过所有同类产品，即使同样的等级也不行。

3.4.2　给用户足够的激励，让用户持续

每个人在完成某件事情的时候都一样，都需要激励，需要通过这种激励让自己更有动力。用户在使用互联网产品时也是如此，长期使用一款产品而没有得到激励，就会缺乏继续使用的动力。所以，如何给自己的互联网产品设计一套完美的激励机制也是产品运营中非常关键的工作。

案例

京东图书：等级越高，得到的优惠越多

在用户激励上，京东图书做得非常好。我们都知道，现在的产品一般都设计了等级制，登录时间越长，或购买得越多，就能得到越高的等级。比如 QQ 等级，你已是 57 级，差多少天就可以升级；又比如微博的 LV1、LV2 等。这些都属于激励机制，但很多用户对此并没有太在意，因为对于用户来说，这些都是没有什么实质性价值的东西。京东也有等级激励，比如你是铜牌会员、银牌会员，可是这些会员能得到的实质性价值并不多。而京东的板块之一京东图书就不一样，京

东图书的等级越高，得到的实质性优惠就越多（见图 3-27）。

图 3-27　京东图书

京东图书专门为经常购买图书的用户设置了一个图书勋章日，在这个勋章日，等级越高的用户得到的优惠越多。

京东图书为图书勋章日设计了 4 种优惠券，分别是满 200 减 30、满 200 减 40、满 200 减 60、满 200 减 80（见图 3-28）。图书勋章 1 级的用户只能领取最低的一种，也就是满 200 减 30，而达到京东图书勋章 4 级的则可以领取 4 种优惠券，也就是不管是 30、40 还是 60、80 的优惠券，达到 4 级的用户都可以领取。等级的高低立马就显现出来，每个京东图书的用户都希望能达到 4 级。

图 3-28　京东图书勋章专享券

京东图书的等级标准不是以在京东上购物的次数与金额来计算的，而是以在京东图书上购买图书的次数与金额来计算的，并不是全网通用的。所以，想要达到京东图书4级，从而获得更多的优惠，就要不断地买书。而且4级用户领取的多张优惠券一次只能使用一张，为了避免浪费，只好在期限内再次到京东图书进行消费。

除此之外，各大书店也为图书勋章日设置了优惠券，用户可以根据自己的等级领取不同的优惠券（见图3-29）。

图3-29　各大书店为图书勋章日设置的优惠券

这就是京东图书激励机制的与众不同，它不仅能防止用户流失，还能促进用户消费。

1. 价值激励

价值激励主要有三种方式，分别是特权、等级身份和优惠（见图3-30）。

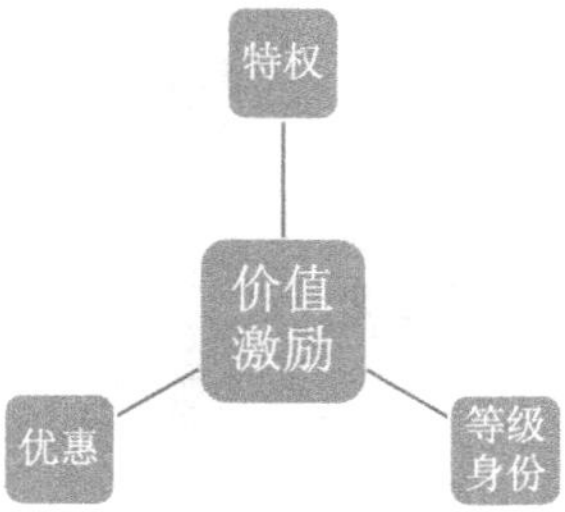

图3-30　价值激励的三种方式

（1）特权。如解锁功能，比如贴吧只有达到 × 级的用户才拥有发帖权利、微商产品只有满足一定条件才可以开店。

（2）等级身份。如定制化皮肤、身份勋章、专属效果等，比如 QQ 的等级，以及游戏的身份套装等。

（3）优惠。比如给用户一定的折扣和返利，还有功能增强。这种价值激励方式常见于电商会员体系，云存储与云音乐的升级赠送容量也可以算优惠的一种。

2．情感激励

情感激励的方式主要有两种。

（1）互动激励。主要用来设计产品的用户情感反馈机制，可分为用户与用户、平台与用户两种（见图 3-31）。

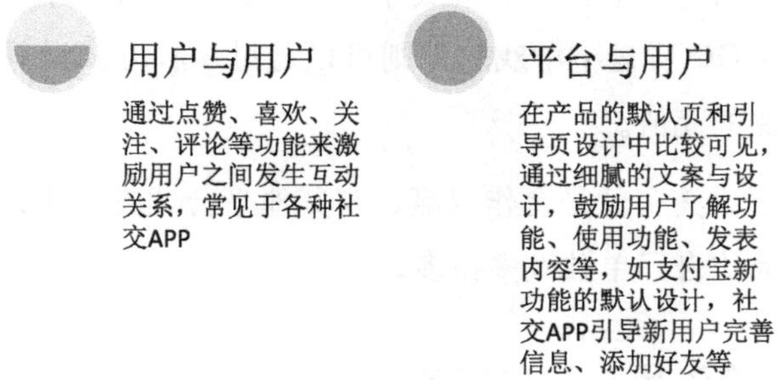

图 3-31　互动激励的两种类型

（2）挑战激励。这种方式一般被运用到游戏软件中，通过设置高门槛来激发用户的情绪，促使用户对玩法进行更深入的关注。某些软件也有“你击败了全国 × ×% 的用户”、产品的排行榜设计、抢红包等包含挑战元素在内的激励功能，这些功能可以在一定程度上调动用户的积极性与参与性。

3．平台激励

平台激励的方式主要有 4 种（见图 3-32）。

（1）平台对于用户的情感激励。这一点与情感激励的内容差不多。

（2）资源倾斜。其是指用户可获得更多的曝光机会与资源位推介，电商平台和社区平台较常运用。如针对新用户，电商平台会推荐买手，社区平台会推荐达人。

图 3-32　平台激励的 4 种方式

（3）官方活动。官方举办的线上、线下活动，只有达到一定的条件才能参与。官方活动是维系平台与核心用户之间关系的有效方法；社区平台也可以通过这种方式保证平台的 UGC 质量；游戏软件则可以通过这种方式讨好大款玩家，刺激他们进行更大金额的充值。

（4）利益捆绑。其实就是合作双赢，与其他平台达成合作，双方共同分享利益，而这种利益会比自己单独做多得多。

3.4.3　明确“流失用户”的定义

用户流失是每款互联网产品都无法避免的，不管你防止用户流失的措施做得多好。那么，既然用户流失已经无法避免，企业要做的就是设法挽回那些已经流失的用户。而挽回流失用户的第一步就是明确“流失用户”的定义。

流失用户的定义其实很简单，就是一段时间内未访问或者登录过产品的用户，比如微博、邮箱、电子商务类等互联网产品。不同产品对于流失的定义不同，微博、邮箱类产品，如用户未登录时间超过一个月，就可以判定为流失用户；电子商务类产品，三个月未登录或半年内没有任何购买行为的用户就能被定义为流失用户。那么，如何对流失用户进行分析判断呢？可以按照以下方式进行。

1. 数据的获取

流失用户是通过用户最近一次登录距离当前的时间来鉴定的，因此要分析流失用户，就需要知道用户最后的登录时间。不同的产品间隔时长不同，最长的可能有一年甚至更久。因此，获取数据的难度和成本都会增加。可以对注册用户进行分析。一般的产品都会在数据库中建立相应的表格来存放用户信息，在存储用户基础信息的同时记录用户最近一次登录时间，就可以简单、快速地计算用户最近一次登录距离当前的时间，然后以此来判定用户是否流失。

2．流失用户变化趋势

单纯地计算总用户流失量对于判定流失用户是起不了什么作用的，因为一般情况下这个数值都是递增的。正确地判定流失用户的方法是：先计算总流失用户占总用户数的比例与新增用户流失数，然后再对它们的变化趋势进行观察，如表 3-1 所示。

表3-1　用户流失示例表

日　期	总用户数（人）	流失用户数（人）	新增流失用户数（人）	用户流失率
2016年9月1日	3 261 270	2 289 250	4740	70.20%
2010年9月2日	3 267 890	2 295 070	5820	70.23%
2016年9月3日	3 262 970	2 300 230	5160	70.49%
2016年9月4日	3 269 130	2 306 180	5950	70.54%
2016年9月5日	3 275 140	2 312 090	5910	70.60%
2016年9月6日	3 281 630	2 316 720	4630	70.60%

企业可以认为新用户注册后就完成了首次登录，那么对新用户流失的简单定义就是用户在注册后一段时间内没有登录网站，如图 3-33 所示。

图 3-33　新用户流失的简单定义

如果用户在注册后一个月内没有登录，就可以判定为流失用户，那流失临界时间间隔定为一个月。比如 1 月 1 日，计算时间就从 1 月 1 日开始，把从 1 月 1 日注册到 2 月 1 日没登录过的用户数统计出来，除以 1 月 1 日那天计算的总注册用户数，所得结果就是新用户流失率。比如 1 月 1 日的总注册用户数为 1 万人，从 1 月 1 日到 2 月 1 日的流失用户数为 100 人，那么 2 月 1 日这天的用户流失率为 1%（见图 3-34）。

图 3-34 新用户流失率的计算方式

互联网产品是否能留住新用户，关键在于是否能够不断地降低新用户流失率。

3.4.4 建立流失预警机制

每款产品都会有用户流失行为，可能判断的标准是不一样的，但结果却是一样的。如果用户流失过多，则会对产品的持续运营产生极大的威胁。那么，企业如何知道产品的用户流失量已经对产品的持续运营产生了威胁呢？其实，最好的办法就是建立一个完善的用户流失预警机制。

建立一个完善的用户流失预警机制，最主要的工作就是建立一个用户行为模型。

在用户与产品的接触过程中，一般都会经历以下几个流程：注册—使用—活跃 + 付费—流失。每个环节都会产生流失。而且不管是注册还是流失，都是一种长期性的行为。因此，在建立用户流失预警机制时，需要在与用户接触的过程中建立一个用户行为模型，用数据来证明用户是在何时、何地、何种情况下流失的。

这个预警机制在分析用户具体行为时需要注意以下几点，如图 3-35 所示。

注意点一：流失的用户都是从哪些渠道来的，对流失的客户进行分类，以期达到渠道优缺点的分析，甚至看看这些流失的用户是否来自同一渠道

注意点二：在流失前，用户在产品上都做过哪些类似的行为。这点很关键，因为用户的流失往往是由产品的某一点触发的

注意点三：在用户发生流失的时间点，产品或者运营到底在用户身上或者对产品本身做了什么。分析一下这样做是不是对用户产生了不良影响，以及这种影响是不是持续性的

图 3-35 建立预警机制需要注意的三大点

3.4.5 对流失用户进行挽回

用户流失是无法避免的，但并不是说流失的用户是无法挽回的。企业可以采取一系列措施挽回流失的用户。那么，如何挽回流失用户呢？我们就以一款手游产品为例。

一款手游产品上线运营到一定阶段，不可避免地会遇到用户流失的问题。因此，除了新手玩家，在产品内容和运营进度进入稳定期之后，不少已深入体验过游戏的核心用户也会流失。所以，根据手游产品的特点，手游运营方可采取以下几种手段挽回流失的核心用户。

1. 老用户拉新活动

这种方式在端游很常见，因为端游寿命长，补充新血的最佳途径就是老拉新。但手游往往会因为经验不足而出现问题。在做手游拉新活动时，可遵循“大奖豪华、简单直接、活动真实、氛围热闹、小奖广发、刺激到位、联系紧密”几大原则。其中有三点是最重要的：一是活动规则简单直接，降低用户参与门槛；二是营造热闹的活动氛围，让参与和被邀请的用户提高参与度；三是奖品刺激需要把握到位，让用户认为自己可能获得大奖，且保底产品能让他们满意。

2. 老玩家召回

在持续流失成为既定现实时，企业最需要做的就是维稳，防止更多核心用户持续流失。老玩家召回是一种付出少量虚拟资源即可实现的方法。比如给老玩家一些新设备或者进行数据恢复等。

3. 客服电话

在核心用户降低了活跃度乃至长达两周不登录时，即可判定为流失。此时电话回访是一种极其重要的拉回手段。电话回访可以采集用户流失的原因数据，然后根据这些数据采取挽回措施。如果是消费太高，则可以做一次充值大回馈；如果是盗号，则直接恢复数据即可；如果是个人原因，则可以针对性地推出福利活动，或对其进行适当补贴。

每款产品都有挽回流失用户的手段，只要寻找自己最合适的即可。手游产品的流失用户挽回手段对于其他产品也适用，在具体的内容上做出适当调整即可。

3.5 维持，已有用户的留存

当用户流失已经维持在一定的量，已不威胁产品的运营时，那么企业接下来的动作就是维持，保证已有用户的留存。其实这一点与节流有点类似，但是工作内容更加具体和细致。

3.5.1 利用推送设置，提高留存率

推送是维持互联网产品留存率的重要方法之一，但是大多数互联网产品运营者都没有正确意识到推送的意义，也没有建立起提高推送质量的方法。推送如果使用得好，则可以帮助产品有效地提升留存率。但是推送也有技巧，企业可以按照以下几种方法来进行推送（见图 3-36）。

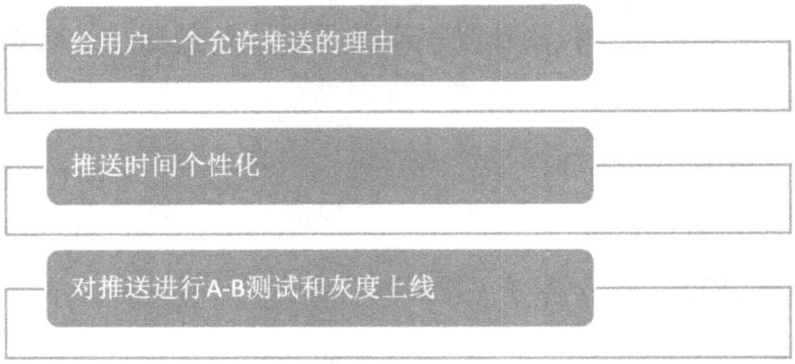

图 3-36 产品信息推送三大技巧

方法一：给用户一个允许推送的理由

一个人做某件事情都是需要动机的，用户接受产品的推送信息也一样，也是需要动机和理由的。所以在希望用户授予推送权限时，一定要给用户一个清晰的理由。用户在第一次打开滴滴出行时，弹出窗口提示：你是否允许 APP 为你推送消息？这个时候的通过率一般都不高。但是如果换一个场景，当用户第一次打开滴滴出行时，APP 提示说，允许弹出窗口可以让你在退出 APP 后依然收到司机的接单信息，那么这时候被用户允许的概率就会大大提升。

方法二：推送时间个性化

大部分产品都会设置合理的推送时间，比如在中午 12 点、下午 6 点左右推

送可以获得较高的关注度和打开率。但很少有企业注意到是不是所有的用户都要在这个时间段去推送，也就是说企业没有关注到推送时间的个性化以及产品自身性质、产品用户群特点、推送消息本身和推送时间之间的关系。

关于推送时间，企业要根据自己的产品性质、用户特点以及推送消息的具体内容来设置，这样才能提高产品的打开率。

方法三：对推送进行 A-B 测试和灰度上线

做产品开发的人对这两个概念一定不陌生，A-B 测试和灰度上线在推送领域也很重要。企业在推送一条消息时，并不确定这条消息的推送率如何。因此，企业不妨先推送一小部分用户，利用 A-B 测试和灰度上线看看打开率与留存率，然后再做进一步推送。

推送运用得好，无疑能提高用户对产品的打开率。而用户的打开率一旦提高，对产品的内容有了关注，感受到产品的良好体验，其留存率自然能提高。

3.5.2 提高产品优势和直接需求吻合度

在分析目标用户人群时，可以发现一个很重要的影响因素，就是用户的需求和企业产品特色之间的吻合度，这个因素和留存率之间有着密不可分的关系。

比如一个网站，经常会遇到自己网站的跳出率居高不下。排除技术方面的问题，跳出率高可以侧面反映网站着陆页的体验感不佳，用户找不到想要的东西，或者没有让用户继续了解下去的冲动。用户的直接需求无法得到满足，网站没有发挥出自己的优势，就说明要针对用户的需求优化着陆页，以此降低跳出率，长此以往，用户的留存率才能得以保证。

用户的直接需求还是比较容易被满足的，因此，在结合自己产品优势的情况下去开发新的功能，满足用户的需求，还是比较简单且有效的。

在提高产品优势和直接需求吻合度方面，微信一直做得非常好。微信的产品优势是什么？就是熟人体系的即时聊天。微信最初的用户来自 QQ，他们的基本需求就是即时聊天。但 QQ 是弱关系，属于陌生人社交。如果要打造强关系，则需要经过自己的多方设置。因此，熟人体系的即时聊天就变成用户直接的强需求（见图 3-37）。

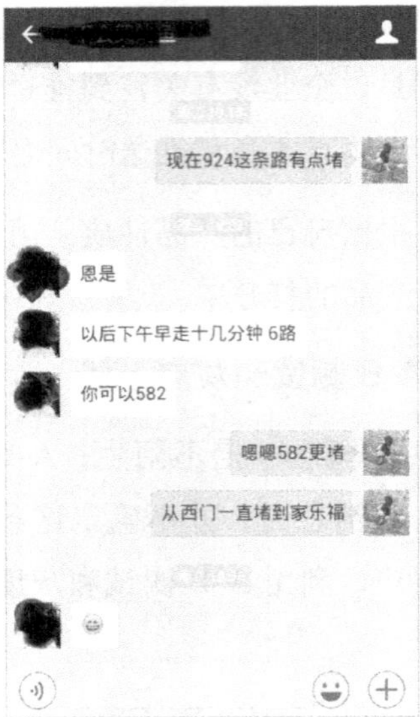

图 3-37 微信熟人体系的聊天优势

3.5.3 满足用户的潜在需求

什么是用户的潜在需求？用户对某种事物有明确欲望，但没有呈现出来。而在条件成熟后，或者遇到某个触发点后，这个需求就显现出来。一旦企业把握住了用户的潜在需求，就能给产品带来巨大的市场。企业需要时刻关注用户的潜在需求，进而采取行之有效的开发措施。

微信的成功就在于它满足了用户的潜在需求。对于即时聊天这个需求，在当时很多产品都能满足，QQ 本身在这一点上就做得非常出色。但是 QQ 偏重 PC 端的功能，用户移动端的许多潜在需求都没有得到满足。

我们利用微信进行聊天，最初依靠的是打字，因为打字速度过慢而影响了聊天的体验感。此时我们就希望有一种不用打字就能沟通的方式，就像打电话一样。微信捕捉到了这个需求，开发了语音功能。用户在习惯使用微信语音之后，就想光听声音好单调，如果能看见人就好了。这个需求在当时只有 PC 端的 QQ 能满足。微信捕捉到了这个潜在需求，把 QQ 的视频功能发展到微信上，用户拿着手机就可以与好友随时随地聊天（见图 3-38）。

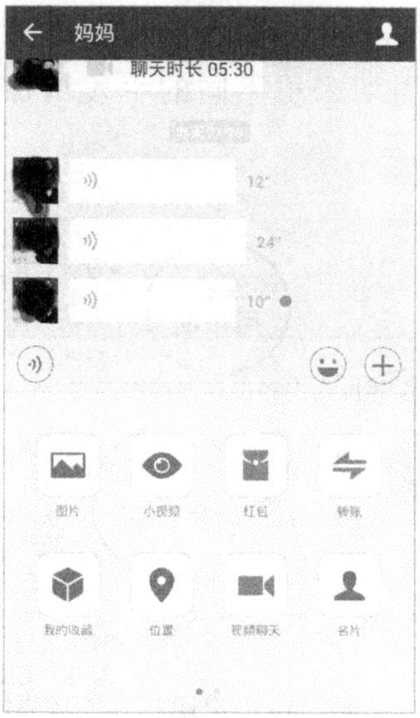

图 3-38　微信的各项功能

可以说，微信的各种功能都是在捕捉用户潜在需求的过程中开发出来的。它满足了用户的潜在需求，因而获得了成功。

3.6　刺激，促进用户活跃

仅仅留住用户是没用的，如果产品的用户不活跃，那么产品也是死产品。我们经常会在 QQ 群里看到这种现象：很多 QQ 群少则几百人，多则上千人，但在这些群里聊天的人却没有几个，群的活跃度非常低。互联网产品也是同样的道理，要想让产品活起来，为企业创造效益，就要刺激用户的活跃度，把用户变成活的用户。

3.6.1　促活前的准备工作

在吸引用户进入产品的时候，企业必须完成基础数据监控与细分工作，以此为进入的用户贴上标签。对用户进行促活，除了需要对用户的标签进行周期性数据分析，在促活前还需了解产品面对的用户处于哪个生命周期。

用户的生命周期可以分为三个节点，分别是潜在用户期、活跃用户期和沉默用户期，根据不同的周期采用不同的手段增加用户的活跃度，如图 3-39 所示。

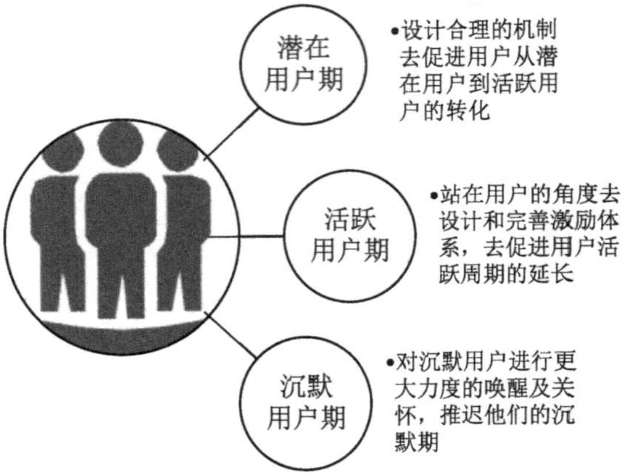

图 3-39　不同时期用户的不同促活手段

3.6.2　针对用户投放信息

信息是产品和用户交流的一个重要方式，对信息的投放要做到足够精细。比如情人节关怀性的信息，它是针对特定人群制定的，如果将之投放给全部用户，就失去了这一特性。而用户对与自己无关的信息没有兴趣，如果这类信息接收得太多，则会让用户产生厌烦感，从而失去用户。

多数成功的产品都有一个私密的一对一端口，在进行营销时一定是“我和你”的沟通。当用户感觉到产品和他是朋友的关系在单独交流时，才会提高对产品的黏性，而这对于用户活跃度的提高作用巨大。

比如京东，它就是针对用户来投放信息的。京东会针对用户在平台上的浏览、购买记录，定期给用户发送促销信息。如果用户浏览和购买电子产品比较多，京东就会定期给用户发送电子产品促销方面的信息；如果用户浏览和购买图书的行为比较频繁，京东就会定期给该用户发送图书促销方面的信息（见图 3-40）。

图 3-40 京东的产品促销邮件

3.6.3 开发新功能

产品要想获得成功，除了要有实用功能，还需要具备创新点。“喜新厌旧”是人的本性，当用户长时间使用一款产品时就会产生厌烦感，不到非需要不可的时候就不会打开它。如果想让用户时时使用产品，就要让用户看到产品的创新点，经常体验到产品带给他的新鲜感。这一点可以通过开发新颖的小功能来完成。创新不需要大方面，从小细节入手一样能得到用户的关注，并且增加用户的活跃度。

这一点美图秀秀就做得非常好，它经常会更新一些滤镜画面来提高用户的使用度。现在的趣玩 LOMO、格调生活、艺术风情，每增加一项新功能，都会引起用户的好奇心，想试试这项新功能的美图效果怎么样（见图 3-41）。

图 3-41　美图秀秀新增的滤镜功能

3.6.4　让用户决定内容

UGC 是互联网内容运营必不可少的一部分，UGC 也就是用户生成内容。用户不仅是产品内容的浏览者，同时还是产品内容的创造者。用户将自己原创的内容通过互联网平台进行展示或提供给其他用户。

如果想提高用户的活跃度，就要抓住用户的双重身份，让用户来决定产品活动的方式和活动的奖品。因为用户参与了活动内容的设置，其参与度和分享的积极性就能得到大幅度提高。

企业可以在发布产品活动前给用户推送一条信息 ："你最想要什么作为活动奖品？" 像这样的问题就能引发大量用户的讨论，一下子就把很多平时沉默的用户激活了。活动奖品是用户喜欢和需要的，活动的参与度自然就能提高。

除此之外，把 UGC 运用到产品的运营中，也可以按照以下几种方式进行，如图 3-42 所示。

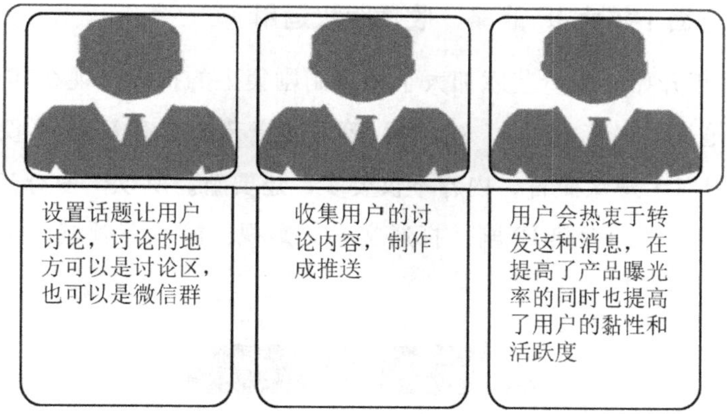

图 3-42 UGC 应用方式

3.7 挖掘，促使用户产生利润

企业运营产品的目的是什么？当然是为了盈利！而产品利润的产生者都来自用户，这是产品用户运营的最后一步，也是最终的目的。一款产品的用户如果无法创造利润，那么用户量再多也是无用的。因此，企业进行用户运营的最后一个阶段就是要通过各种手段挖掘用户的价值，促使用户产生利润。

3.7.1 付费，要么好，要么新

用户为什么要为一款产品付费？这是企业首先需要考虑的问题，想通了这个问题，企业自然就能知道如何让用户付费。其实这个问题也很好理解，就像我们去买衣服。我们为什么要买衣服？首先是因为我们需要。为什么我们在几百几千件衣服中选中这款衣服呢？对的，就是因为我们喜欢。喜欢这款衣服什么？喜欢这款衣服款式新颖、穿起来好看、质量好耐穿。用户为产品付费也和买衣服的道理一样，要么够好、要么够新，或者二者兼有。

这一点爱奇艺就做得非常好。调查数据显示，截至 2015 年 12 月 1 日，爱奇艺 VIP 会员突破 1000 万人，成为国内唯一一家用户付费规模达到千万级别的视频网站。为什么这些人愿意付费成为爱奇艺会员？其实很简单，就是因为爱奇艺的内容够好、够新。那么，其内容的好和新都体现在哪些方面呢？

第一个方面：扩大 IP 战略，收拢版权运用

从 2014 年开始，爱奇艺就加大了在自制剧集上的投入，现在其自有的 IP 剧包括《盗墓笔记》、《老九门》、《余罪》等。爱奇艺的自有 IP 剧不仅数量多，而且口碑好。但对于观众而言，内容不仅要多，还要新。所以，爱奇艺购买了众多如《老九门》一样的大热 IP 剧，打通文学、影视、游戏等领域，覆盖所有的娱乐渠道（见图 3-43）。

图 3-43　爱奇艺各大自制 IP 剧

2016 年爱奇艺投放了 20 多部自制剧，每部都是大热 IP 剧，这些都给爱奇艺带来了更多的流量和收入。用户为了观看这些期待已久的 IP 剧，都心甘情愿地付费成为会员。

第二个方面：逐渐完善付费制度，提高用户体验感

2015 年爱奇艺在网剧《盗墓笔记》上率先试用了差异化付费制度，就是付费用户可以一口气看完全集，不用像普通用户一样一周只能看一集。根据数据统计，当月爱奇艺付费 VIP 会员就达到 501.7 万人，同比增长 765%。2015 年结束时，爱奇艺会员突破 1000 万人，成为国内视频之最（见图 3-44）。

图 3-44　爱奇艺自制 IP 剧《盗墓笔记》

根据以上分析可知，用户之所以能够为爱奇艺创造利润，就是因为爱奇艺为用户提供了优质的、新鲜的内容。爱奇艺的案例足以证明，只要内容够好，用户还是愿意付费的。

3.7.2　差异化内容，让用户心甘情愿埋单

这是内容为王的时代，没有好内容，别说让用户付费，就是吸引用户也很困难。好内容是吸引用户的王道，那么要让用户付费就要让用户享受到付费后的差异化对待。为何要打造高品质的差异化内容？这是因为现在的互联网产品基本上都是免费使用的，所以要想让用户付费，只能选择差异化战略。给免费用户提供高品质内容，给付费用户提供高品质的差异化内容。只有这样，用户才会心甘情愿地埋单。

比如 QQ 空间，用户是可以永久免费使用的，但是用户为什么还要花钱购买 QQ 空间的黄钻呢？因为购买黄钻可以让他们享受到其他人享受不到的服务——QQ 空间装饰。黄钻特权可以让用户使用各种各样新鲜好看的素材装扮空间，让用户的空间更加漂亮、更有特色。同时黄钻还可以制作个性相册，这种新鲜的照片呈现方式自然会俘获不少爱美人士之心（见图 3-45）。

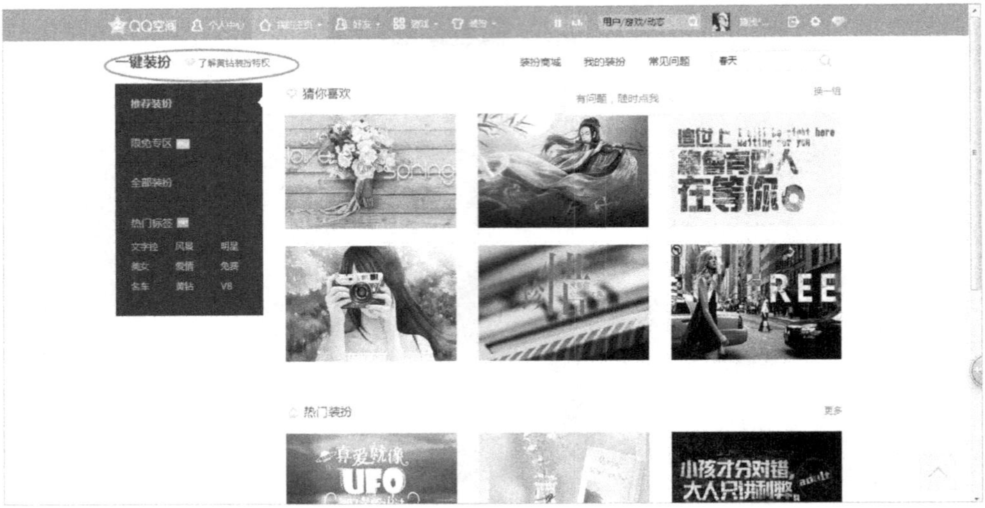

图 3-45　QQ 空间黄钻特权

3.7.3　展示可能的利益或优惠，促使用户付费

用户在什么情况下才会产生付费的欲望？就是看到付费后的利益以及付费可能产生的优惠。所以，企业如果想让用户为产品付费，就要清楚地传达出用户在付费后能得到什么样的利益或者优惠。

就像视频行业的会员模式，用户为什么要成为会员？答案很简单，因为会员可以提前看到各种电影、电视剧，免除观看视频时的广告。有了这些利益，用户才会愿意付费成为会员。

用户愿意付费的另一种情况就是付费后的优惠，也就是付费后可以得到更便宜的东西。

这一点外卖产品饿了么就做得非常好。付费 20 元成为饿了么会员之后，就可以得到会员免除 5 元外送费的优惠，一天可免 3 次。我们可以计算一下，外送费最低一次 5 元，用户只要订购外卖 4 次就可以把这 20 元赚回来。而对于现在生活在一、二线城市的人来说，叫外卖已经成为家常便饭，因此一个月绝对不止订购 4 次外卖，4 次之后，用户就可以享受到付费成为会员后的优惠了（见图 3-46）。

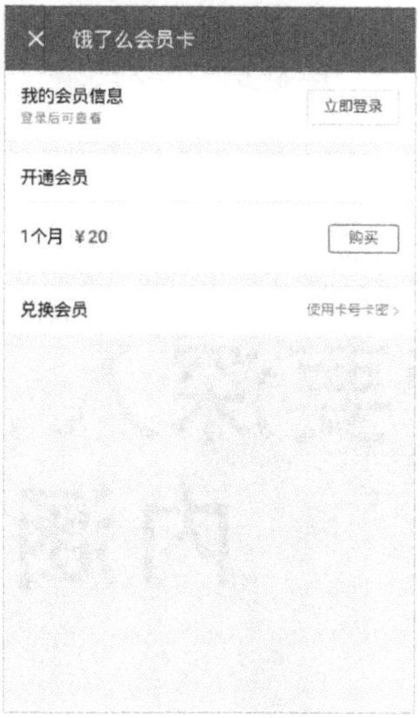

图 3-46　饿了么会员

3.7.4　付费奖励，促使用户养成付费习惯

什么是付费奖励？其实很好理解，就是用户在付费购买产品之后，除了付费之内的内容，还能享受到一些额外的免费服务。这些服务免费用户是享受不到的，也不是所有的付费用户都可以享受到的，而是企业根据数据分析存在继续消费的可能或还有很大消费升值空间的人才能够享受到的。

这一点在中国移动、联通、电信三大运营商处体现得非常彻底，特别是中国移动。当用户选择一个额外流量的套餐后，中国移动会时不时地赠送一些流量给这些用户，让用户养成用流量刷微博、看视频的习惯。这些习惯一旦养成是很难改变的，到那时运营商不再赠送流量，用户只能购买流量。但也不是所有额外购买流量包的用户都能持续获得，运营商在试赠一个月后，如果发现该用户使用的流量没有提升，下次就不再赠送，而提升明显的就持续赠送。

4

内容运营要深入，“颜值+内涵”=人气

“内容为王”，这个快被嚼烂的词组却依然在如今的互联网时代占据着重要的位置，似乎要成为这个时代运营产品的“金科玉律”。而从现实案例来看，“内容为王”这个词组确实是这个时代产品运营的核心。好比一个明星，单是长得好看只能吸引一时的人气，如果没有演技、没有演唱实力这些“内涵”，那么他的人气会很快消退。

4.1 什么是内容运营

内容运营是指通过创造、编辑、组织、呈现网站内容，从而提高互联网产品的内容价值，制造出用户对产品的黏性，产生一定的促进作用。一个互联网产品一定要有内容来填充，而内容的来源、组织、呈现、通知的方式和质量对内容运营的效果都会产生巨大的影响。

1. 内容运营的核心

一切都以用户为本，有用户需求就会有人供给，这是规律。正因为用户在互联网上有看视频、段子、新闻等消费内容的需求，所以才会有这么多满足用户消费内容需求的产品。

据此，对内容运营的核心我们就可以这么理解：通过生产和重组内容的方式去满足用户的内容消费需求，提升产品的活跃度，以及对品牌的认知度。

2. 内容运营的作用

内容运营对产品的作用到底有多大？我们可以从两个方面来理解。

(1) 满足用户的内容消费需求。内容运营最重要的作用就是给用户最想看的内容。我们可以把内容需求分为 4 类，如图 4-1 所示。

(2) 传递产品的定位与调性。内容运营可以让用户对产品产生某种认知，形成对产品的专属印象。如果把产品比作一个人，那么产品的调性就是人的性格。而我们会先通过一个人的外表、再通过感受他的内涵来对他产生某种印象。套用在内容运营上，就好似通过内容传递给用户产品定位与调性，从而使用户对产品产生某种专属印象。比如小米手机通过各种各样的文案宣传，使用户对小米手机产生的印象就是高性价比、国民品牌、低端用户。

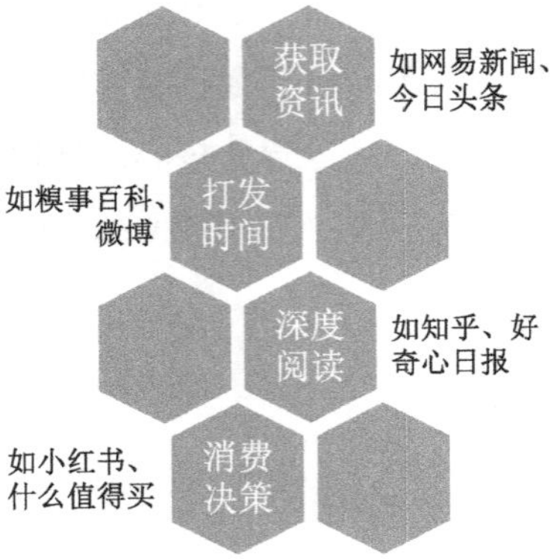

图 4-1　内容需求的 4 种类型

4.2　做好内容运营的 4 项准备

在开始做内容运营之前，企业要做好 4 个方面的准备，分别是：对自身产品的理解、对产品用户的理解、对产品现有数据的把握、竞品及其策略和数据。

4.2.1　对自身产品的理解

首先要明确自身产品的定位是什么，可以满足用户什么样的需求，在什么样的场景下用户会使用产品，产品的市场份额如何，商业模式又是什么样子的，等等。只有搞清楚这些问题，才有可能把产品运营好。

比如 QQ 浏览器，这款产品最初的定位是手机上网浏览器，满足用户在资讯、小说、视频、搜索等方面的需求。

资讯只是众多服务中的一种，用户需求不多，因此在 QQ 浏览器中所占的比重也不高。随着社会的发展，行业与用户需求发生了变化，用户对资讯的需求越来越高，行业内的同类浏览器也都转化为个性化推荐的资讯阅读器。QQ 浏览器也改变了自己的定位，加深了内容运营的工作，为用户生产更多的资讯类内容（见图 4-2）。

所以，做好内容运营的第一步就是要在深入了解自身产品的基础上时刻把握行业变化、企业产品定位和服务方面的变化，对运营策略做出及时修改。

图 4-2　手机 QQ 浏览器

4.2.2　对产品用户的理解

在开始正式运营产品内容之前，可以先对产品的用户进行分析，这样有助于把握自己的工作方向。在分析用户画像时，需要重点关注用户的基本属性，如年龄、性别、所在地域、受教育程度、上网习惯、对内容的偏好等。可以通过三个方面快速了解用户，如图 4-3 所示。

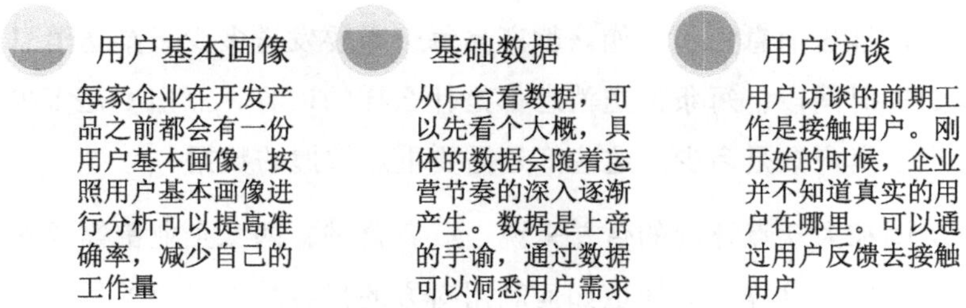

图 4-3　了解用户的三大方式

对产品用户的深入了解是每个互联网产品内容运营的基础。为了深入了解用户，每家企业都会设置用户反馈渠道，如电话渠道、页面反馈渠道。QQ 浏览器也是如此，它专门设置了一个反馈页面，希望通过用户的反馈总结出自己的不足之处，生产出更符合用户需要的内容（见图 4-4）。

图 4-4　手机 QQ 浏览器意见反馈页面

4.2.3　对产品现有数据的把握

产品的现有数据情况是企业必须要把握的，这样才能更好地对产品未来的内容运营方向进行把握。特别是很多企业在收购或与其他企业的产品进行合并后，刚接手一个新产品，就更需要把握产品的现有数据情况。

首先需要掌握的是产品当前的日活跃数、转化率、总用户数，其次是运营上的数据。就以推送消息为例，如该款产品每天需要发送多少条推送消息，每条推送消息发送的时间段，每条推送消息都是什么样的内容，点击率是多少，转发量是多少，点击用户数是多少。这些都是需要重点掌握的数据。

就以美团和大众点评网的合并来说，二者合并，两家企业都需要对对方的产品进行深入了解，这样才能知道如何利用对方的优势扩大自己的优势。美团的用户数、大众点评网的用户数；美团的订单数、大众点评网的订单数；美团的转化率、大众点评网的转化率；美团的订单频率、大众点评网的订单频率……只要是相关的数据，美团和大众点评网都要掌握，这样才能适当地调整自己的内容，以适应对方的用户特点（见图 4-5）。

图 4-5　大众点评网与美团合并后调整的内容页面

4.2.4　竞品及其策略和数据

每款产品都会有竞品，产品在不同的发展阶段所面对的竞品也是不一样的。如果企业想要迅速运营好内容，首先就要找到产品所在阶段的竞品，与产品实力不相上下的竞品要关注，不如自己的竞品也要关注。分析竞品，首先要找到竞品，其次要了解竞品运营的策略，最后要了解竞品的各项转化数据。

例如，QQ 音乐在进行内容运营时就对竞品做了深入的分析，如网易云音乐和酷狗音乐。

网易云音乐的优先级 1 为歌单，对歌单进行了多角度的信息结构设计，在功能设计上更多地偏向用户创建的歌单；优先级 2 为用户，对用户属性进行了较为详尽的设计，这些都是在为运营云音乐社交内容做准备，而实际上用户互动的效果也不错。

网易云音乐的用户信息设计在细分角色上有所不同，但通过对用户信息结构进行详尽设计，可以在后期增加功能时，在现有数据库中直接调用和填入数据字段的值，无须做过多的维护和修改。

酷狗音乐则集成了 PC 端的做法，在信息架构中比网易云音乐对歌手类和歌

手 /MV 类考虑得比较详细，进行了充分的拓展和延伸；但对用户属性的信息设计没有过多考虑用户之间的互动，对用户属性挖掘较少，直到后期开发出直播间与游戏才弥补了这一缺点。

这只是 QQ 音乐对网易云音乐和酷狗音乐分析的一部分，但是 QQ 音乐就吸取了对方的优点，加深了互动性，并对歌手类和歌手 /MV 类进行了深度的扩展（见图 4-6）。

图 4-6　QQ 音乐

4.3　内容运营的两种模式

内容运营的工作模式分为两种：一种是传统模式；另一种是创新模式。两种模式各有特点，也各有弊端。两种模式既是对立的模式，也是互补的模式。比如创新模式的特点就可以弥补传统模式的短板。

4.3.1　传统模式

内容运营的传统模式在业内很普及，像豆瓣、知乎等网站采取的都是传统模式。其特点是依赖运营人员的策划编辑能力，以及巨大的工作量。

案例

网易：传统模式下的高质量内容运营

网易可以说是中国最早的互联网门户网站之一，它可以给用户提供极具网易特色的新闻阅读、跟帖盖楼、图片浏览、话题投票、要闻推送等功能。在众多的门户网站中，网易可以说是把传统的内容运营模式运营得最出色的产品之一，特别是在高质量内容方面，更是受到用户的广泛好评（见图 4-7）。

图 4-7　网易新闻首页

网易新闻首页除了娱乐、财经、股票这样的细分频道，还提供了排行、图片、国内、国际、评论、军事、政务、航空等更加细分、更有特色的新闻频道分类。

网易会为每个新闻子频道提供大量的针对性新闻。为了保证网易“有态度”的品牌调性，网易会对每篇文章进行仔细的筛选，除了保证内容的真实性，同时还要看其内容观点是否犀利独到。

保证新闻内容的独到观点是网易打造“有态度”内容的重要核心之一。网易专门开设了一个“新闻有态度”频道，该频道里收录的都是各个作家关于热点事件的评论，每篇评论新闻都经过了网易的仔细筛选（见图 4-8）。比如《劳务税率 36 年不变，低收入者却要缴纳更多个税》，这篇文章对低收入缴税提出了自己的看法，为了支持自己的观点，更是提出了各项专业数据，以保证真实性。该篇文章的高质量、强专业性吸引了众多用户阅读，截至 2016 年 10 月 13 日就吸引了 69 289 人的点击（见图 4-9）。

图 4-8　网易“新闻有态度”板块

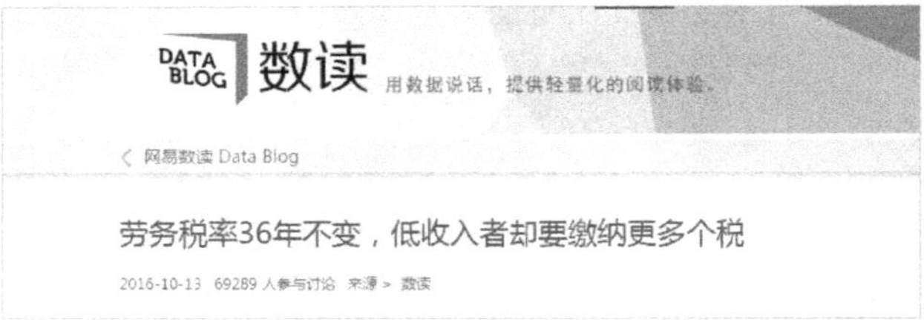

图 4-9　网易文章《劳务税率 36 年不变，低收入者却要缴纳更多个税》

网易上诸如此类的文章数不胜数，每篇文章都经过网易运营人员的精挑细选。虽然网易需要为此付出极大的工作量，但目的就是为了给用户提供高质量的内容，因为只有高质量的内容才能吸引用户、黏住用户。

1. 传统模式的优势

内容运营传统模式的优势主要体现在两个方面（见图 4-10）。

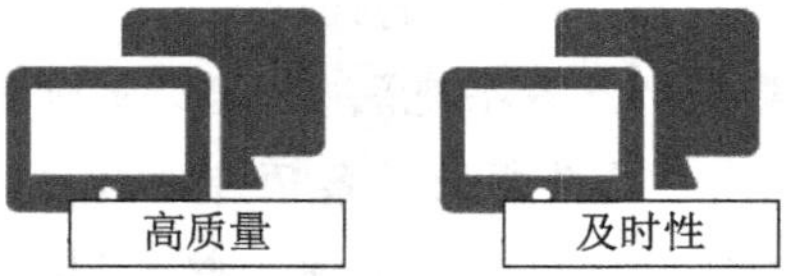

图 4-10　内容运营传统模式的两大优势

（1）高质量。在传统模式中，运营人员需要深入参与内容运营的工作，虽然工作量庞大，但是可以保证选题角度、标题文案等各方面的质量，能有效保证内容的整体品质与调性。高质量的内容不但对用户的阅读体验起到了极大的提升作用，而且对于产品品牌的打造和 UGC 内容标杆的树立都产生了巨大的正面影响。

（2）及时性。一直以来，各大门户网站对内容的及时性都有较高的要求，运营人员必须时时紧盯，才能保证内容的及时性；否则 UGC 运转得再好，也很难获得用户的支持。

2．传统模式的劣势

每样事物都不是完美的，有优势自然就有劣势。内容运营传统模式的劣势主要体现在三个方面（见图 4-11）。

图 4-11　内容运营传统模式的三大劣势

（1）与用户是割裂的。虽然运营可以通过数据和用户反馈对内容的质量高低、用户需求是否可以得到满足做出判断，但实质上，传统模式下的内容运营与用户的关系是割裂的。在策划内容时，运营从构思选题到完成产出都是单向过程，没有用户的任何参与。

因此，传统模式下产出的内容不是从用户角度出发的，因此，不管企业的内容质量有多高，但效果还是不尽如人意。

（2）内容很难差异化。为什么打造一个成功的公众号很难？很难吸引到粉丝？其原因之一就是大家都在追求热点，而热点又是相同的，所以内容大同小异，差异化不明显。但是不追求热点又难以吸引用户眼球，涨粉的速度更慢。做互联网产品的内容运营也是如此，都在追热点、追时效，反而导致了内容同质化的现象，用户的注意力被分散，影响了内容运营的效果。

(3) 覆盖用户量有限。即使受众人群是大多数用户，也会受到内容产出量和展现渠道的制约，再加上日益细分的用户需求，必然会导致长尾需求无法得到满足。要知道，内容的产出量是由企业的运营人力决定的，是有极限的；内容的展现渠道是由产品形态决定的，数量少之又少。但是，细分的用户需求却非常多，而且需求覆盖的用户总量很大。这个覆盖量和需求量的矛盾，内容运营传统模式是无法解决的。

4.3.2 创新模式

根据前文所述可知，内容运营传统模式的弊端是大多数互联网产品无法避免的，但这并不代表无法解决。解决的办法就是把产品融入产品流程中，借助产品为用户提供场景化和个性化的内容，这就是内容运营的第二种模式——创新模式。

案例

创新模式助力腾讯网异军突起

腾讯网在门户网站行列可以算异军突起，短短几年就跻身门户网站前列。它靠的就是内容运营的创新模式（见图 4-12）。那么，腾讯网是如何通过创新模式运营内容的呢？

首先，根据场景需求设置内容。

腾讯网有一个腾讯网迷你版，这个迷你版是镶嵌在QQ上的，用户每次登录QQ都会自动弹出来。腾讯网迷你版是基于这个场景开发出来的：用户想看新闻时，每次只能打开浏览器后再点击某个网站或者输入新闻网站名称，或者下载专门的APP。整个过程既烦琐又麻烦，因此很多怕麻烦的用户减少了看新闻的次数。基于这个场景，腾讯网开发了迷你版，并将之镶嵌在QQ中，用户一登录QQ就弹跳出来，无须点击和专门搜索，就能看到每日的最新新闻。而且镶嵌在QQ上，用户在关掉腾讯网迷你版后，在任何时间想看新闻，只要点击一下QQ上的腾讯网迷你版标志就能打开，既方便又快速，节省了用户很多操作程序（见图 4-13）。

图 4-12 腾讯网

图 4-13 腾讯网迷你版

其次，不同用户，不同个性化推荐。

腾讯网的用户年龄、工作、受教育程度、使用地点都不同，他们的内容需求也不同。为了给用户提供更好的体验感，让用户阅读自己需要的内容，腾讯网针对不同的用户群设置了不同的内容频道。比如腾讯大燕网，这就是根据北京用户而设置的。如果用户在北京，那么腾讯网页就会显示大燕网，该频道就会为用户提供各种与北京相关的内容；如果用户在上海，那么腾讯网就会显示大申网，提供与上海相关的内容。这就是根据用户的地域需要进行推荐，因为不同地域的用户对内容的需求是不同的。

最后，流程化阅读，给用户提供更多相关阅读。

用户会点击某篇文章，肯定是对该篇文章的主题感兴趣，那么他很有可能对该主题的相关文章都感兴趣。但是在此之前，很多新闻网站只提供一篇文章，如果用户想再阅读其他文章，就要重新输入文字搜索。为了解决这个问题，腾讯网设置了相关阅读，围绕用户点击的这篇文章提供相关文章，从而避免了用户重新搜索（见图4-14）。这个功能非常受用户欢迎，现在基本上所有资讯类的网站都提供了这个功能。

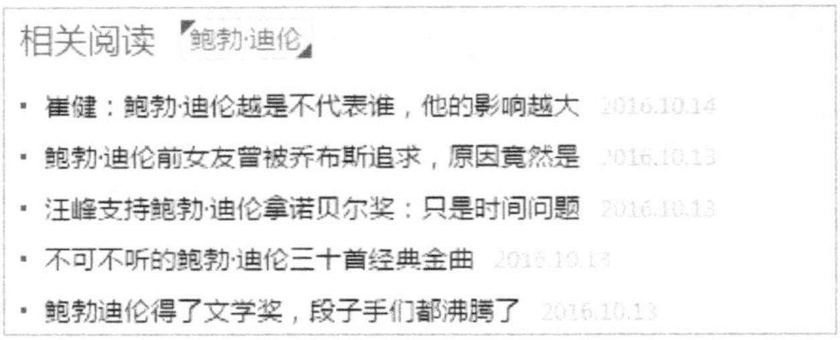

图 4-14　腾讯网相关阅读

1．场景化

企业先将用户使用产品的场景逐一列出，再对应场景列出需求，最后根据需求策划产品内容。这个过程可以帮助产品和用户建立起有效的链接，便于产品更好地满足用户需求（见图4-15）。

图 4-15　创新模式场景化的流程

猫眼在这一点上就做得非常出色。比如看电影这个场景。电影行业的受众是去电影院买票观影的人，用户场景大致就是观影决定、购票、取票、观影、互动，每个步骤都有针对性的需求，电影APP都可以为用户提供相应的内容。比如购票这个环节，调研发现，用户在购票后还希望做好观影当天的安排，了解电影或影院的相关信息。其具体需求如图4-16所示。

猫眼电影一一列出这些需求，然后有针对性地收集与制作内容，把各项服务填充到猫眼电影中，然后推荐给用户。

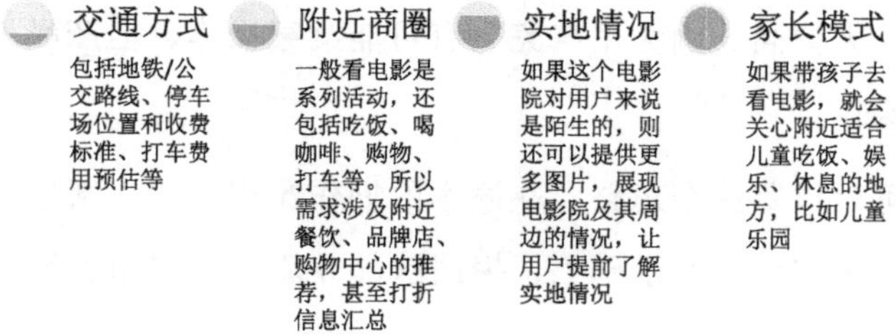

图 4-16　电影场景下用户的四大具体需求

2．个性化

一个产品就像一个社区，里面住着各种各样的住户。但是某公司为了做活动，给所有住户发放了同一款产品，那么它只能得到部分住户的满意。如果想要获得全部住户的满意，就要根据不同类型的用户发放不同的产品。也就是说，产品要想获得全部用户的支持，就要按照不同的用户类型为其提供针对性的内容。

比如母婴 APP 妈妈帮，其产品的受众人群分为备孕、怀孕和 0 ～ n 岁婴童这三个种类。每个种类的用户群的特征和需求都不一样。怀孕是以周为单位的，每周准妈妈的感受、注意问题、孕检事项、所需物品都不同，所以妈妈帮都是按照不同人群的特征和需求提供内容的（见图 4-17）。

图 4-17　妈妈帮

3．产品流程化

用户在完成一个完整的产品操作流程后，往往就会马上关闭。在这种情况下，用户流失率会大大提高。因为用户完全有可能继续操作，但产品流程结束了，用户也只好结束操作。

内容运营可以借鉴这个思路，在原本的操作流程之后，新增符合用户需求的内容。在不伤害用户体验的基础上，挽回这部分流量，增加步长。

这种思路已经广泛运用于电商产品。比如淘宝，用户下单结束后就会有相关产品推荐，这个页面可以拉动额外的购买转化。

4.4　内容运营的两种执行方法

从内容产出源的角度来说，内容运营的执行方法分为官方产出和用户产出两种。这两种用户内容产出所需关注的重点和所运用的技巧都是不同的。

1．官方产出

官方产出指的是企业的产品内容运营人员独立策划和制作完成优质的、有深度或重要的内容。简单地说，产品内容都是由企业自己产出的，就像某些公众号的文章都是由公众号创立者自己写的。官方产出的优势是可以控制内容时机和质量，达到满足用户需求和传递产品调性的目的；其缺点是人力成本过高，不适合量产。

官方产出的内容通常有专题策划和深度报道，如新浪新闻，其经常会根据一些热点事件形成一系列专题策划，比如有关京津冀治霾的专题（见图 4-18）。

2．用户产出

官方产出需要大量的人力、物力，而且产量有限。现在大多数的互联网产品内容都是由用户产出的。纵观现在的互联网产品，可以发现现在的产品内容都属于二次加工。二次加工并不是指修改用户的内容，而是通过产品策略或者人工运营的手段，对内容的展现形式进行优化，或者进行优先级排序。

比如知乎就是典型的 UGC 平台，时间轴里选取的展现内容就是靠产品策略完成的，并没有运营人员的干预（见图 4-19）。而今日头条的呈现方式就是通过人工干预，结合用户的浏览记录，给用户推荐个性化的内容（见图 4-20）。

图 4-18 习近平主席出访的专题

图 4-19 知乎用户产出内容的产品策略排序方法

除了以上两种，运营人员还需要充分注意执行中的一些细节，比如排版、内容回复等。如果内容的排版混乱，段落不清晰、重点不突出，那么即使内容再优质，也会降低用户的体验感，甚至秒关。

如果没有在文章的前面几楼预埋回复，就很难保证舆论的导向，从而影响整个讨论的气氛，拉低话题的效果。

图 4-20　今日头条用户产出内容排序的人工干预方法

细节决定成败，不管多小的细节，一旦处理不好，就会影响用户对内容的体验感，从而影响内容运营的最终效果。企业的运营人员需要充分重视，保证每个环节都能够执行到位。

4.5　内容运营的方法

进入一款产品，其实就是进入了一个内容的世界，底部的菜单栏、顶部的目录、买一送一的活动等，处处皆内容，只是表达的形式不一样。如何让这些不同的表达形式呈现出相同的效果，让用户有良好的体验感，认为这是一款好产品？这就需要技巧了。

4.5.1　搭建好产品“骨架”内容

产品功能也是一种内容，就像人的骨架一样支撑着人的行动。用户进入产品的第一眼就是产品的布局情况，优秀的骨架内容能够很好地满足用户的使用习惯和消费动机。因此，搭建好产品的骨架是非常重要的，企业可以通过不断地丰富骨架内容来让产品变得更加活跃，实现更多的变现。

比如微信的摇一摇就是骨架内容之一。通过摇一摇加入更多的好友，让微信用户迅速增加。为了使微信产品更加活跃，微信增加了表情云，它能让用户用各种形式来表达当下的情感，比如无奈、欲哭无泪。某些微信表情云是需要购买的，可以给产品带来变现（见图 4-21）。

图 4-21　微信的各种表情云

4.5.2　充实好产品“肉体”内容

当产品骨架搭建完成后，就要对产品进行装扮填充，使之更为丰富，并具有自己的调性与特色。填充内容时要注意：(1) 明确产品的切入点，尽量以单点突破的形式来生产内容；(2) 保证内容持续、新鲜。用户每天来消费产品的内容，肯定是希望看到新鲜的、有价值的东西，要确保能为产品源源不断地制作出内容，并保持固定的更新周期。

比如小红书在搭建“肉体”内容时就做到了以上两点。早期小红书做的是中国香港购物指南，有明确的切入点，这样，小红书的目标用户就很清晰，用户也能更好地理解小红书是做什么的，同时也可以减少前期运营的成本。在完成初步的建设后，小红书不断地提供新鲜的内容，现在小红书已不单单是中国香港购物指南，而是“全球购物指南与渠道”（见图 4-22）。

图 4-22　小红书官网首页

4.5.3　搭建好产品“社交”内容

和人一样，产品也需要社交，也需要形成与已有用户的互动，同时更需要创造和潜在用户互动的可能。这种内容一般都是由活动运营、新媒体运营产生的。产品的社交内容一般有两种属性：一是刺激性，做这方面内容的目的非常明确，就是刺激没有互动的用户互动起来，让已互动的用户更加活跃；二是社交货币性，社交内容就像一种内容货币在用户之间不断地流转，流转多了用户自然就能记住，把产品的形象装入大脑中，就像电视剧行业说的：“即使现在不能红，也得先混个脸熟，让观众先记住这张脸。”

就像支付宝，首单付款减多少就是刺激潜在用户使用支付宝；在实体店付款长期举办随机减活动，就是为了提高用户的使用率，让用户和产品的互动行为次数得到提高。而支付宝活动的各种各样的文案和图片总是让用户看后会心一笑，进而成为社交货币在目标用户之间传递。

4.5.4　以消费时间、金钱货币为中心

内容就是产品，用户观看你的内容就是在消费你的产品。用户在消费内容时使用的货币有两种：一是金钱货币；二是时间货币。产品内容价值的最大化就是促使用户把这两种货币消费在产品中。主要方法有以下几种（见图 4-23）。

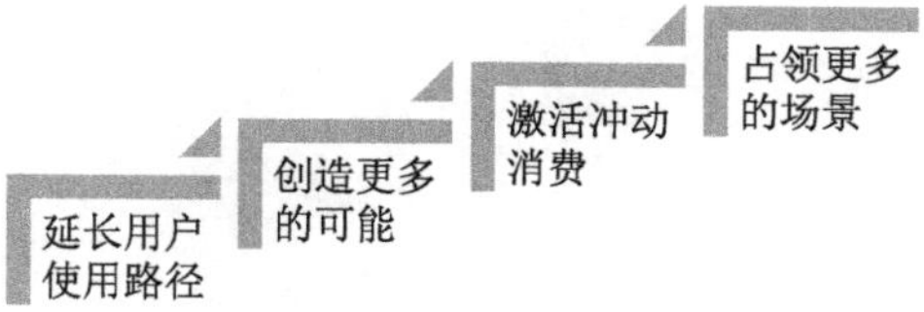

图 4-23　用户消费时间、金钱货币的 4 种方法

1．延长用户使用路径

当用户在产品的某种路径消费后要离开时，再给他一个继续消费的理由，通过这种方法继续消费他的时间或金钱货币。比如在京东购物时，我们通常会看到“和你购买同一物品的用户又购买了以下产品”字样。

2．创造更多的可能

观察一些已发展成熟的产品，就会发现它的内容在不断地丰富，它会清楚地向用户传达一个信息，就是“你要的我这都有”。比如淘宝，它的内容就在不断地充实当中。从最初的国内购物，拓展到中国香港、中国台湾、菲律宾、欧洲，同时还拓展了淘宝众筹、淘宝金融、淘宝借贷等功能。只要是用户在现实中需要的，淘宝都能提供。这样，淘宝就为用户创造了消费更多货币的可能。

3．激活冲动消费

消费一般分为理性消费与冲动消费两种。比如冬天到了，我需要一副手套，性价比要高一点。但往往买着买着就买了一副款式新颖、价格昂贵但保暖性不强的手套，附带还买了早就有很多的围巾、帽子、袜子等。买回来后就发现我买它们干什么呢？为什么当初要买它们呢？其实就是当初某店铺举办了一场活动，激发了你的冲动，无意间使你付出了金钱货币。

4．占领更多的场景

用户是人，人生活在空间世界里就会有一个个场景。更多地占领用户场景就能促使用户去消费他的货币。用户在寂寞的场景里就会去消费 QQ、微信；用户在交通的场景里就可能去消费今日头条、微博；用户在学习、工作的场景里就可能去消费音乐。产品想要获得更多货币就要占领更多的场景，并有意识地进行宣传，让某个场景的用户份额最大化。

5

活动运营要全面，让产品用户从 0 到 10000+

5.1 什么是活动运营
5.2 活动准备阶段
5.3 活动策划阶段
5.4 活动执行阶段
5.5 活动总结阶段

活动运营与内容运营不同，内容运营除非在出现爆款内容的情况下，常态是一种细水长流型的坚持，是潜移默化地去影响用户；而活动运营却相反，它是爆发型的，往往一场活动将带来短期内各项运营指标的迅速提升。

5.1 什么是活动运营

活动运营是指企业针对不同目的、不同性质的活动进行运营，包含活动策划、活动实施、活动执行跟踪、分析评估活动效果等步骤。

传统的活动运营包含三种类型：一是营销主导型活动运营，是指以盈利销售为主、品牌宣传为辅而展开的主题运营；二是传播主导型活动运营，是指以品牌宣传为主、盈利销售为辅的策划活动；三是混合型活动运营，兼备了以上两种类型的特点，既做营销又做传播。

互联网产品的活动运营虽然与以上三点略有不同，但大体是相似的。在当前媒介经营市场竞争日益白热化的形势下，媒体将越来越多地扮演企业或准企业角色，将越来越倚重营销主导型和混合型活动运营。

5.2 活动准备阶段

活动是企业根据既有的运营节奏或突发情况，做出带有目的性的策划事件，比如吸引新用户、品牌曝光、回归用户、提升用户活跃度等，一般富有奖品或福利，往往会调用一些内部资源或外部资源进行推广。所以，活动运营需要经历一个长时间的准备阶段，才能达到短期内各项运营指标迅速提升的目的。

5.2.1 明确活动的目的

活动运营是配合整个产品的运营节奏来策划组织活动，活动规模有大有小，取得的效果也不同。因此，活动运营首先要清楚你做一次活动的目的是什么。如果活动规模较大，那么可以用来拉新促活；如果活动规模较小，那么主要用来维护现有用户，拉新的作用较小。只有清楚自己的目的，才能有目标地去策划你的活动。

案例

唯品会：国庆节大促销活动，全面提升销售量

每个节假日都是电商品牌狂欢的日子，为了利用特殊的节假日达到销售的目的，各大电商针对节假日策划了一场又一场的活动。种种数据表明，针对节假日的活动促销都能为电商带来极高的销售成绩。作为中国的电商领导者之一，唯品会自然也是活动运营的好手。2016 年的国庆节，唯品会就通过一次大促销活动，在提高销售量的同时进一步扩大了知名度。现在我们就来看看它是如何运营这次活动的。

唯品会根据不同的品类推出了不同的国庆节优惠方案。

美妆类：满 199 元减 100 元，上不封顶。国庆节期间，用户在唯品会购买美妆产品，不管是哪个品牌的化妆品，都可以享受满 199 元减 100 元，也就是 5 折优惠（见图 5-1）。

图 5-1　唯品会美妆类促销活动方案

服装类：专享折上 8.8 折，全场满 88 元包邮，红包即领即用。900 个服装品牌加盟，用户可以享受全场服装折上 8.8 折的优惠，同时还可以使用优惠券。比如你购买了折后 100 元的服装，就可以享受 8.8 折优惠，变成 88 元免除邮费，同时还可以使用优惠券。如果优惠券是 20 元，服装价格就变成 66 元（见图 5-2）。

母婴类：专享折上 8.8 折，全场 88 元包邮，红包即领即用。与服装类相同。

旅游类：藏地文化体验安排，3980 元开启西藏 8 天 7 夜文化体验之旅（见图 5-3）。

图 5-2 唯品会服装类促销活动方案

图 5-3 唯品会旅游类促销活动方案

虽然是国庆节，但是唯品会根据不同的品类做了不同种类的优惠活动，让用户可以选择更适合自己的优惠活动，从而进一步提高转化率。利用国庆节来刺激销售量和转化率，就是唯品会本次促销活动的目的。

1. 了解产品诉求，围绕诉求展开活动

在了解产品诉求，围绕诉求展开活动时，企业需要做好以下三种设想：(1) 如果活动是以产品品牌传播作为诉求的，那么产品品牌本身的定位和产品因素就必须作为重点考虑的内容；(2) 如果是以销售为导向的，那就不能把活动运营作为一个纯用户活跃的活动，而是要将其看作一个把用户转化为消费者的过程；(3) 如果以提升用户黏性或培养用户习惯为出发点，那么活动中就必须具备适合用户参与的因素。

2. 只为完成 KPI，单纯追求数据目标的活动

有时企业可能需要做出单纯追求数据目标的活动。通常，这样的活动比较适合在重大节日点进行，利用节日效应可以快速找到与用户的共鸣，拉新的效果也

较好。同时，增加多个用户参与环节，提供丰富的奖品刺激，也可以有效提升用户的参与热情。比如美团外卖在国庆节期间就推出了一次全场 5 折的活动，而且是在其他折扣基础上的 5 折活动（见图 5-4）。

图 5-4　美团外卖国庆节活动

3．以活动目的触发，确定活动的频次和规模

首先，明确企业能给本次活动提供多少资源帮助，其他活动参与后能够达到多大规模。其次，不同的活动目的，举办活动的次数不同。如果只注重吸引用户注意，而不注重活动质量，那么其用户质量指数就相对较低。最后，如果是品牌活动或培养用户习惯的活动，那么，对于活动流程中所涉及的每个细节需要有充分的把握，包括传播的图片、文案、奖品设置等。

5.2.2　活动的理由是什么

企业要思考做一次活动的理由，一方面能让此次活动获得内部理解，方便协调各种资源来支持自己的活动策划；另一方面也容易获得外部理解，让用户知道你在做什么，这样能更好地调动用户的参与热情。比如历史上的各种战争，都讲究师出有名。要先发个檄文，详细说明征伐的目标是谁、为什么要征伐，既能鼓舞内部士气，也能获得百姓理解。活动运营也是如此。一般要做活动可以有以下几个理由，如图 5-5 所示。

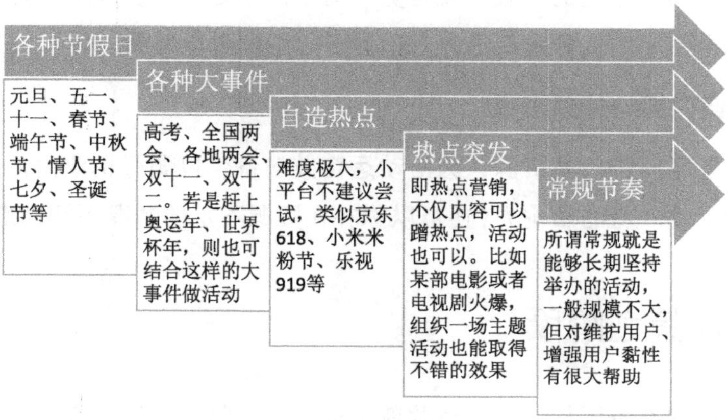

图 5-5 五大活动理由

5.2.3 做好三项活动准备

运营一场活动不难，但是要做一场好活动却很难。如果要保证活动的效果，那么事先的准备肯定不能少。俗话说“有备无患”，正是这个道理（见图 5-6）。

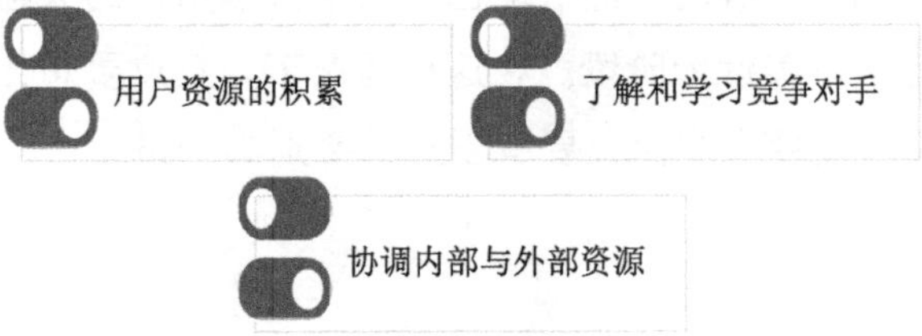

图 5-6 活动运营前的三大准备

1. 用户资源的积累

用户资源是企业运营必做的功课，收集不同种类的用户，然后对其进行细分。在开展活动后，分门别类地对用户做针对性信息推送，让用户获得能激发兴趣的信息，有效提升活动的质量。

2．了解和学习竞争对手

运营的重点工作之一就是分析竞品、分析竞争对手。了解竞争对手做得好与不足的地方，而你超越的突破口就是竞争对手的不足之处。而活动运营就是把自己相对于竞争对手的优势宣传出去，让更多的用户可以看到。

3．协调内部与外部资源

整合企业不同部门的资源，为活动运营做准备。协调好企业内外部资源，除了可以放大活动本身的影响力，还可以弥补在资源不足的情况下活动准备的缺陷。

5.3　活动策划阶段

做好事前的准备工作，活动运营就正式进入了策划阶段。任何活动都需要经过策划，比如主题的策划、活动形式的策划、活动奖品的策划等，这些都是经过不断地讨论策划，最后才选定的。

5.3.1　活动的策划创意

每时每刻都有企业在为产品举办各种各样的活动，用户也早就看惯了各种各样的产品活动，可以说一般的产品活动已经很难激起用户的兴趣，因为用户对产品活动已经开始进入审美疲劳阶段。在这种情况下，企业要想让自己的产品活动受到用户关注，就一定要有亮点、要有创意、要别具一格。

案例

墨迹 35℃计划：创意玩法，免费领雪碧

2016 年 9 月 9 日，为期两天的“九九归移”2016 年大数据移动营销节暨第三届大数据营销金比特奖颁奖盛典圆满落幕。在此次大会中，墨迹天气凭借 2016 年夏天与雪碧、麦当劳携手合作的“35℃计划”被授予品牌营销标杆案例大奖。墨迹天气之所以能获此大奖，靠的就是创意，以及在创意中体现出来的人文关怀。

继 2015 年 35℃计划之后，墨迹天气在唤醒公众关注夏季高温的同时，以“击败炎热，降温世界”为主题，再次与雪碧、麦当劳携手推出 35℃计划，为活动赋予更多的公益价值（见图 5-7）。

图 5-7 墨迹 35℃计划

从 6 月 29 日起，若当天气温达到 35℃以上，用户就能在指定地点免费领取雪碧。除此之外，墨迹天气也在端内、端外同步倡议公众为“降温”付诸行动，希望吸引更多的人关注高温、关注环境变化、关爱地球环境。墨迹天气的此次活动将环保理念和公益普及集于一体。

8 月 23 日晚，该活动完美收官，线上共发放清凉 1174 万次，领取雪碧超 351 万瓶。此次活动上线 56 天获 6 家 TOP APP 联合开屏支持，10 位明星助阵，超 30 万家互联网企业、KOL 联合发起“降温世界”微博助力（见图 5-8）。

墨迹 35℃计划的创意来自炎热的天气，其活动主题与本身产品特质非常吻合。但是该活动最大的创意是其背后体现的人文关怀，是其公益性。在 35℃营销活动中，墨迹天气关注那些默默无闻的高温工作者，量身打造了一组夏日英雄的宣传片。片中选取北京、上海、重庆 3 个城市的 6 处地标性建筑，找到了在高温天气中的 6 名高温工作者，分别是快递员、建筑工人、棒棒军、厨师、蜘蛛人和女环卫工人。墨迹天气以第三者的视角记录和呈现了他们在高温环境下的工作、生活状态和思想，通过影像的形式送上关怀，将他们平凡而又不平凡的一面呈现在公众面前（见图 5-9）。

图 5-8　明星助阵 35℃ 计划

图 5-9　高温天气下的工作者

活动的创意是获得公众关注，而让公众真正接受、真正感动的是创意背后的人文关怀，这才是墨迹天气此次活动能取得成功并获奖的根本原因。

1．找寻创意的方法

创意的意义不言而喻，这对任何产品、任何活动都是极其重要的，它能让活动更有亮点、更出彩。那么，如何才能找到让人眼前一亮的创意呢？企业可以按照以下方法来做（见图 5-10）。

图 5-10　寻找创意的三大方法

2. 迎合适宜的用户群

活动的目标用户不同，那么活动的标题、文案、内容也是不同的。比如做一场母婴类的活动，其标题、文案的风格就需要偏温馨、活泼可爱。

3. 根据活动性质设计参与门槛

如果活动单纯追求规模，那么就要降低用户的参与门槛；如果是为了积累高质量的用户，那么就要提高用户的参与门槛。企业要注意一点，门槛可以根据活动目的调整，但不管是哪种，都要保证活动参与流程的清晰，不能把活动环节设计得非常复杂，把用户挡在外面。

4. 标新立异，结合时下热点

结合热点除了可以吸引用户、激发用户的参与热情，还能将一些 SEO 的流量吸引进来。比如当下火热的网红，就可以根据自身品牌特点找到结合点。

5. 考虑传播效果

设计活动要考虑传播的效果。活动推出后，利用用户的力量分享，将活动引爆，引发大范围传播。企业要充分把握社交平台的分享规则，让活动易于在社交平台上传播。

6. 不违背活动的终极目的

任何活动创意都是为活动目的服务的，如果有了创意而偏离此次活动的终级目的，那么这个创意再好也无用。除了要让活动创意为活动目的服务，也要注意不要让活动流程中的一些因素改变活动的初衷。比如有一款茶饮品牌，为了做活动推广，邀请当红人气明星拍摄了一部微电影，为了让电影有新意，加入了一个神奇冰箱环节，把茶饮放进冰箱替男女主人公传达情思。但是观看此部微电影的用户却把关注点放在了冰箱上，纷纷表示“我也想买这样一台神奇的冰箱”。这就属于违背了活动的终极目的。

5.3.2 活动文案

文案是活动非常重要的组成部分，因此，策划、设计一个好文案是执行活动前必需的工作。好文案可以给活动带来许多好处：首先，在执行活动前发布文案，可以为活动预热；其次可以让用户加深印象，一般情况下活动都有一个主题，而这个主题除了在活动过程中体现，就是在文案中体现。文案的力量是强大的，有时甚至能超过活动本身。

案例

榴莲 2 小时 2 万颗，每日优鲜文案功不可没

2016 年 9 月，生鲜电商平台每日优鲜举办了一场以“榴莲促销季”为主题的活动，2 小时卖出 2 万颗榴莲，创下了生鲜电商平台榴莲最快销售纪录。每日优鲜成立于 2014 年 11 月，虽是生鲜电商领域的后来者，但发展十分强劲。区别于传统的生鲜电商，每日优鲜创新性地打造了生鲜电商的新模式，即“全品类精选商品 +2 小时极速送达”。

此次的榴莲销售奇迹，除了因为每日优鲜在上游供应链建设方面的持续发力以及配送能力的提升，还有一个原因就是其文案方面的出色。

从图 5-11 中我们可以到，该文案的宣传很简单，就短短几个字、一张实物图片。文案虽简洁，但绝对不简单。

图 5-11　“榴莲促销季”宣传文案

先从其文字角度来看：“榴莲促销季，我敢赔着卖。”很简单的一句话，但是震撼力十足，用“我敢赔着卖”直接说出了此次榴莲售卖的低价，以及自己对用户的诚意。“限时特价”4 个字独自在右上角做特殊标红，让用户能一眼看到，告诉用户这是有时间限制的，过了此次活动时间就没有了。

然后再看图案，更是简单，一只泰国皇室金枕榴莲，一片已经切开的果肉，直接就把榴莲的质地呈现出来。没有过多言语的修饰，简单、直接，用户看了也不会觉得每日优鲜在夸大其词。

其实，一个好的活动文案宣传有时并不需要设计得太过复杂，简单、直接、让用户一看就懂才是王道，因为用户是来消费的，而不是来体验文采的。很显然，每日优鲜此次的活动文案就做到了这一点。

1. 好标题是成功的一半

标题设计得好坏会直接影响到活动效果。标题如果设计得不好，用户就无法直接看到活动的主题，从而降低点击的兴趣。好标题除了可以吸引用户参与，也能让人一眼看出活动的基本样子，所以设计一个好标题是非常必要的。

2. 设计好宣传图

宣传图是将活动的流程简化成图片的形式进行传播。好的宣传图包括活动环节、活动时间和地点、奖品设置等。比如照片的活动，就可以找几个有代表性的作品当作背景。有一点企业需要注意，不能为了作图而作图，弄一张好看的、但与活动本身并没有什么联系的图片对活动的帮助并不大。最好的情况是，无论用户看标题、看图、看文案，都能直接明白活动的流程。

3. 设计好活动背景

有些活动文案会在开头用华丽的句子说明活动背景，其实这是没必要的。背景说明文字控制在 200 字以内，不要太多，也无须太过华丽的辞藻堆砌。用户是来参加活动的，不是来看企业卖弄文采的，所以在活动背景介绍方面，用简洁的语言概述，能让用户快速进入下面的活动规则阶段即可。

4. 活动规则要清晰

活动规则要将活动介绍和用户关注点解释清楚，目的是让用户知道如何参加这次活动。一些重要的地方要标红、加粗、加链接，让用户一眼就能看到重点。这些细节的优化都能让活动规则说明更加清晰，方便用户参与。

5. 评选规则要详细

评选规则要尽量详细，比如用户要如何操作才能获得奖品、奖品的发放形式是什么、奖品是如何发放的、活动结果是如何公布的、活动结果是以投票形式还是以评委形式选出的。企业还可以邀请一些有知名度的评委，这样一来就会增加活动的质量和档次。这就需要企业平时积累一些优秀的用户资源。

6. 奖项设置要吸引人

首先，获奖人数的比例要根据企业的奖品数量来设置；其次，要把奖品的实拍照片发送给用户，关于产品的价值也要做出具体说明，这样才能引起用户的关注；最后，奖品要体现出不可替代性。

5.3.3　增加活动成功的筹码

活动运营的目的是什么？就是让活动获得成功，达到宣传或提高产品销量的目的。要达到这个目的，企业就要尽量减少活动过程中可能产生的变量，增加活动成功的筹码。

案例

nice：情人节创意营销借力又借势

每年的情人节都是各大企业比拼营销的时刻，2015 年的情人节也不例外。但是此次的情人节营销出现了一匹黑马，获得不少用户的关注，它就是手机人气 APP——nice。

nice 是一款通过图片和短视频交友的社交软件，这种打破传统的社交方式颇受年轻人的喜爱。本身就具备创意、反传统思维的 nice 在营销活动上也是如此。在情人节这个各大企业大打恩爱牌的节点，nice 反其道而行，推出了"与情侣为敌"活动。活动的具体内容是：2 月 14 日，与情侣为敌！发照片使用单身万万岁贴纸并标记"我要婚纱"，nice 君赠送电影《有一个地方只有我们知道》热依扎黑色系列价值 22800 元的婚纱一件。一共三件，随机送出，2 月 16 日公布获奖名单，并且配图单身万万岁（见图 5-12）。

情人节这天，情侣不少，但单身的人更多。因此，nice 以单身用户为目标用户，推送了送婚纱的活动。这种反其道而行的创意方式确实获得了不少用户的关注。

nice 此次的活动除了有创意，也很懂得借力营销。电影《有一个地方只有我们知道》是大热电影，电影中的人物、服饰都是公众关注的焦点，赠送电影角色同款婚纱，可以在第一时间吸引电影粉丝的关注，借助他们的影响力扩大此次活动的宣传范围。

除了借电影的力，nice 更懂得借其他品牌的力。在情人节这天，nice 联手野兽派花店，举办了一次“派送世界最高的稀有玫瑰”活动。活动的具体内容是：情人节当天，nice 君联手野兽派花店，由未来老公团亲自派送世界最高的稀有玫瑰（1.5 米）给 100 位幸运的 nicer，并附上视频（见图 5-13）。野兽派是知名的花商品牌，与野兽派合作，不仅可以得到最好的供货源，也可借助野兽派的影响力增强此次活动的效果。

图 5-12 “与情侣为敌”情人节活动

图 5-13 nice 情人节“来自未来老公的花”活动

nice 在情人节这天的活动不仅有创意，还懂得借力使力，增加自己活动成功的筹码，扩大活动的影响力。

1．借势

借势，指的就是结合热点、节日、网络任务等，也可以结合当下的热点人物、热点人物贡献的素材。

2．借力

借助他人的力量，比如资源互换、平台联运、跨平台品牌合作等。在进行跨平台品牌合作的时候，可以通过相互导流、互换资源的形式快速提升活动的规模。

3．细节

企业可以从细节上下功夫，提升活动成功的概率。例如在奖品、评委、互动环节上设计一些小心思，让整个活动变得更加有趣、流畅。

4. 活动前用户积累

活动开始前需要邀请一些前期用户来参与，这样活动开始后才能快速展开，从而有效避免活动展开后“只有少量用户参与、少量评论”的尴尬局面。所以，活动前要准备好高质量的用户，这样才能保证活动开始后有一定的热度。

5.3.4 考虑用户的感受

我们常说“用户为王，考虑用户感受”，但这并不是口头说说，而是要把它体现在行动中。企业做活动运营也是如此，在设计活动时要充分考虑用户的感受（见图 5-14）。

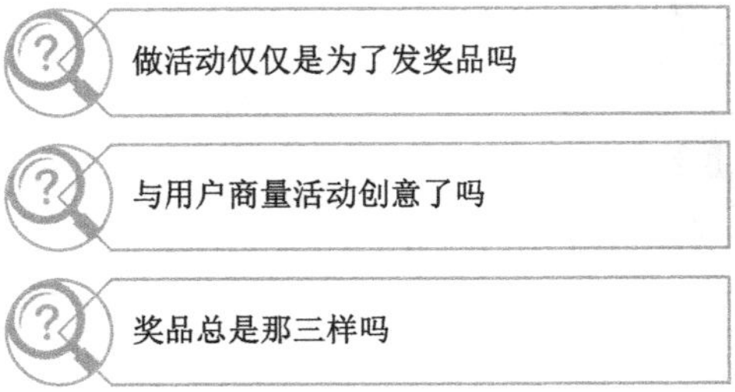

图 5-14 用户感受需考虑的三大问题

1. 做活动仅仅是为了发奖品吗

企业做各种各样的活动运营难道仅仅是为了发奖品吗？当然不是，如果不能给用户提供其他的实惠，那不如不做。想让自己的活动不只是为了发奖品，则可以按照以下方法执行。

如果是一场文案评比的活动，那么企业可以这样来做：(1) 在评委里加入版主、资深用户，以彰显他们的荣誉感；(2) 对每个优秀作品进行点评，体现企业对优质作品、优质用户的渴望；(3) 体现出对用户的充分重视以及比赛的公平性。

2. 与用户商量活动创意了吗

很多企业在设计活动时都把自己的想法当作用户的想法，因此常常导致活动效果不如预期。要解决这个问题，最好的办法就是让用户参与到活动创意的设计中来。收集用户的意见和反馈，把用户提供的建议加入到活动中来，这样设计出来的活动才会受到用户的欢迎。同时用户有了参与感，参与的积极性也会更高。

3．奖品总是那三样吗

再好吃的东西，你天天吃也会生腻。奖品也是如此，用户总是拿到相同的奖品，下次他的参与热情就会大大降低。因此，奖品不要总是那三样，要换着花样玩。只有丰富多样，才能不让用户生腻，也才能保持用户参与活动的热情。

5.4 活动执行阶段

所有的准备和策划都是在活动执行过程中体现来的。在活动执行过程中有可能出现各种各样的意外，只要有一点点的瑕疵，可能就会导致活动失败。因此，企业必须充分重视活动的执行过程，确保做到万无一失。

5.4.1 活动跟踪

活动进入执行阶段后，要紧盯活动的发展，关注用户参与的状态，把握活动过程中的各个细节。活动跟踪可以避免在活动执行中意外的产生，一旦出现意外情况也可及时反应。活动运营最后的落脚点是内容和用户，所以，企业要切记在活动执行过程中提取优质的作品和用户作为积淀。

5.4.2 爆点挖掘

企业要善于为活动找亮点，例如在活动中表现出色的人或事，可以额外借势作为单点推广，然后将其带来的关注拉回活动本身。爆点的形成离不开社交平台的推广，企业要懂得利用不同平台的优势，借势推广。

比如交友软件探探就非常懂得利用这一点。湖南卫视的综艺王牌节目《快乐大本营》正在宣传探探的暗恋表白功能，微博上的知名大 V 对此进行了点评宣传，探探就马上进行转发，利用大 V 的微博影响力把自己在《快乐大本营》中的宣传活动扩大（见图 5-15）。

图 5-15　探探转发知名大 V 的微博

5.4.3　有效引导

活动执行阶段的有效引导主要分为三个方面。一是用户的引导。活动中的每个环节都要吸引高质量的用户参与，用高质量用户带动其他用户。要做到这一点，就需要事先安排好优质用户，先让这些用户贡献出优秀的内容。二是评论的引导。活动开始之后，不能让无意义的评论占领，这样会影响活动的后续效果。企业要对评论进行恰当的引导，制造热闹的讨论氛围。三是活动内容的引导。企业要及时收集和整理参与者的内容，方便其他用户阅读，同时利用一些宣传手段刺激其他用户参加。

《青云志》虽然是一部电视剧，但从某个角度来说也算一款互联网产品，因为它就是按照互联网产品的运营思路来运营自己的。《青云志》采取“先网后台”的方式，截至 2016 年 10 月 17 日，网播量超过 200 亿次，从这个数据来看，《青云志》不得不说是一款非常成功的互联网产品。《青云志》的营销也是互联网产品式的，在播出期间，播出方对《青云志》做了全面的引导。首先是评论的引导，把正面的评论刷上去，把不好的评论沉淀下去，不要因负面口碑而影响其他用户看剧（见图 5-16）；其次是活动 + 用户的引导，在微博上发起各式各样的微博话题，如“碧瑶坐”之类，利用热门话题吸引新用户观看《青云志》（见图 5-17）。

图 5-16 《青云志》热评

图 5-17 《青云志》“碧瑶坐”

5.4.4 有力应变

根据活动执行情况调整活动方案，可以适当延长活动周期和加大奖品力度，不能一成不变地做活动。及时发现和处理活动中的违规现象，不能让违规行为扼杀了活动的公平性，从而影响产品的形象。

5.5 活动总结阶段

活动结束后，就进入活动总结阶段。企业要对此次活动好与不好的方面进行总结，好的方面要在下次做到更好，精益求精；不好的方面要在下次活动中改进，避免发生重复的错误。只有善于总结，企业的活动运营才能做得越来越好。

5.5.1 活动总结需要包含的元素

在做活动总结时需要包含以下 5 种元素（见图 5-18）。

图 5-18　活动总结需包含的五大元素

元素一：背景。这个背景要让大家能看得懂，这样才能让下次做活动的人员知道上一次活动做的是什么、有什么问题要解决。

作业帮是K12的学习软件，可拍照搜题，也可向学霸提问。目前遇到的问题是回答成本高，高中数学类的问题解决率相对较低，希望通过这次活动提高这类问题的解决率。

元素二：目标。明确告知此次活动的目标，什么时间范围，要提升多少数据。

元素三：效果。此处是指最终效果，要总结核心数据，以及是否达到活动预期。

作业帮的活动结束后，高中数学类问题的解决率提升至95%，达到活动预期。

元素四：详细分析。列出具体的措施和数据，分析活动的每一步进展，得出最终结论。

作业帮为了提升高中数学类问题的解决率，采取的策略是引入答题老师，以及将已有激励杠杆向高中数学倾斜，然后分别列出具体的每一个步骤。

元素五：经验总结。这是总结中最关键也是最重要的一步，总结活动的优缺点，分别列出。

比如作业帮的优点是引入答题老师的方法优质而且有效，缺点是对低质回答准备不足。

5.5.2　做一次复盘

什么是复盘？复盘的过程就是让成功的因素不断重现并且放大，将失败的因素找出来并提出。即使活动运营成功，也有复盘的价值。马云说过：“输的人要反思，我们输在哪里，哪些事情做好了我们就会赢，把时间专注在这里可能会好些，否则永远把时间停留在这个没做好那个没做好，那就没士气了。因为反思的目的是下一次要赢。赢的人也要反思，我们侥幸在哪里。”足以见，复盘是非常重要的。

活动复盘主要可以分为以下 4 个步骤（见图 5-19）。

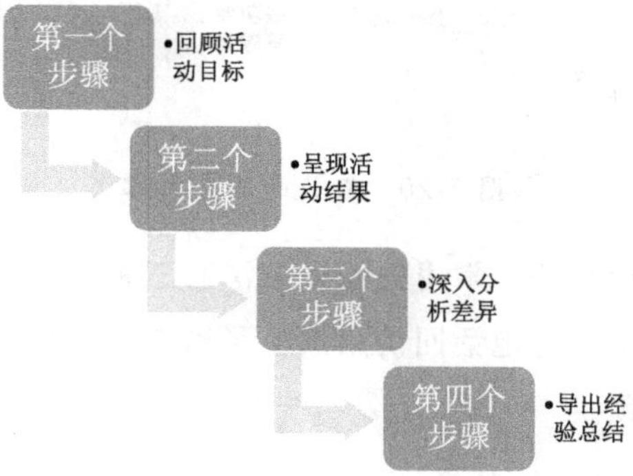

图 5-19　活动复盘的 4 个步骤

第一个步骤：回顾活动目标

复盘需要有一个参照物，企业可以以当初预定的运营指标作为参照物，如计划新增多少用户、次日留存率是多少、新增多少付费用户、ARUP 值是多少。客观地把当初的活动目标与活动结果进行比较，看看是超出预期还是不足。

第二个步骤：呈现活动结果

把与活动目标相关的数据结果呈现在复盘会议中，让每个团队成员都明确知道结果。对获取的数据结果也需要进行简单处理，比如获取到用户增长为 500 人，那么用户增长的时间段分布如何、增长最快的那个时间点发生了哪些事件。反过来，也可以把宣传资源投放的时刻对应的增长变化提前呈现出来，看是否有哪部分是没有执行到位的。

第三个步骤：深入分析差异

团队讨论，深入分析产生结果的原因，根据现有目标和结果的差异，提出部分假设，其内容包括以下几个部分，如图 5-20 所示。

图 5-20　假设的四大内容

假设之后就要进行验证。常用的验证方法有三种：一是通过数据验证；二是改变变量，再试一次；三是电话回访用户，了解用户转化过程中用户的经历和困惑，找出转化率的瓶颈。

第四个步骤：导出经验总结

注意在经验总结上不要流于形式，尽可能地发现问题的本质，避免出现同样的问题。在总结完经验以后，也要将可以改变的行动列出来，并确定可以实现的时间和执行对象，这是复盘最重要的输出。

6

数据化运营要精准，让爆款来得更猛、更持久

6.1 什么是产品数据化运营
6.2 按流程走，向高处走
6.3 数据驱动精细化运营
6.4 产品数据化运营，几个要点不能少
6.5 搜索数据分析
6.6 营销数据分析

阿里巴巴数据委员会主席说过：“在数据化运营阶段，数据就产生价值，你有意识地用它，但却没有关注它。而当你发现数据已经和战略融合后，你才认识到要有意识收集它、管理它。”数据化运营是互联网时代必不可少的内容，对于产品运营更是如此。

6.1 什么是产品数据化运营

现在是数据时代，每家企业都讲究数据，每款产品也都在讲究数据化运营。数据化运营早已不是新鲜词，但是它永远不会被摒弃，因为它不管在什么时候在运营中都起到了至关重要的作用。

1. 为什么数据化运营如此重要

随着互联网、媒体、用户、市场的发展变化，粗放式运营对销量和产品用户的提升效果越来越差。因此，一些企业开始寻找新的运营方式，比如将粗放式运营转变为精细化运营。通过精细化运营来提升销量，让产品广告的投放效率尽可能最大化。

打造精细化运营的好处在于可以对目标用户群体或者个体进行特征的追踪与画像，帮助产品分析用户在某个时间段内容的特征和习惯，最后让企业形成一种根据用户特性而打造的专属服务。而产品要精细化运营，就一定要用到大数据。

2. 大数据对产品精细化运营的价值

大数据对产品精细化运营的价值表现在三个重要的维度，如图6-1所示。

帮助企业了解用户从哪些渠道进来

- 分析用户从哪些渠道进来，可以帮助企业发现更多流量的来源和需要在哪些渠道加强投放，比如用户是从微博、微信、论坛还是从门户网站进来的，从而帮助企业不断调整营销投放策略，发现哪个渠道更有吸引用户的潜力和价值。如果没有被挖掘到，则可以继续深挖

用户关注什么

- 在分析用户关注什么方面，通过用户对产品的点击、话题的讨论、内容的转发等方面进行大数据分析，可以帮助企业有效找到用户的兴趣点和接受内容的方向，方便企业在运营内容和形式上及时做出调整

用户是新关注的还是老用户

- 通过对新老用户的观察分析，可以让企业在进行精细化运营的时候掌握好用户的生命周期，知道什么时候该对什么样的用户进行内容上的营销，以及帮助企业找到激活老用户的方法

图6-1　大数据对产品精细化运营的三点价值体现

3．大数据如何驱动运营

大数据驱动运营主要表现在以下几个方面：

（1）大数据对运营监控十分重要。之前的运营监控一般是企业的主观判断，因而经常出现判断失误的事件。而大数据可以帮助企业减少因主观判断而导致决策失误的事件发生。企业进行数据建模，有效收集数据进行分析，帮助企业快速找到和解决用户数据的异常信息，对运营起到辅助的监控作用，可为企业提供更多有价值的参考意见。

（2）方便企业对产品目标用户进行细分。以往企业的运营模式是一对多，因此，在庞大的工作量下，企业无法准确判断自身的运营方式是否能充分满足用户的需求。随着企业对用户数据的积累和分析，就可以对用户进行分类，并依据用户的特色进行针对性的运营，充分满足各类用户的需求。

（3）可有效激活老用户。产品运营很重要的一点就是对老用户的激活，但是如何激活老用户、如何与老用户进行更有效的沟通，几乎是每家企业都非常头疼的问题。而大数据可以让企业对用户生命周期进行管理与挖掘，对不同生命周期的用户进行标签化管理，能及时把相关运营信息推送给不同生命周期的用户。

总之，大数据对现代企业的产品运营有着极其重要的作用，企业对产品的发展所做的每一项决策都需要数据来驱动。

6.2 按流程走，向高处走

数据化运营是有流程的，第一步是数据收集，第二步是数据处理，第三步是数据分析，第四步是数据展现。每个流程都有自己的处理方式和技巧，这些方式和技巧都是产品运营团队需要掌握的。

6.2.1 数据收集

数据收集是产品数据化运营的第一步，这是基础条件。数据收集非常重要，你在现阶段制作产品确定需求时需要它们，日后在产品的可用性测试和评估中也需要。做产品的核心观点是以用户为中心，而数据收集的重点就是收集用户需求数据。

方法一：问卷调查

这是最常用的方法。所谓问卷调查，就是设计一些针对性问题，通过互联网、电话或纸张形式进行大面积铺放，然后把问卷回收，最后导出特定的信息。问卷调查有几个技巧需要注意：首先，在设计问题时，企业要明确此次调查的目的，然后对每个问题进行仔细审核；其次，在问卷设计完成后，先做一次测试；最后，在分析结果时要注意细节，因为每个细节都会影响到结论的准确性与可信度，比如以下几个方面，如图 6-2 所示。

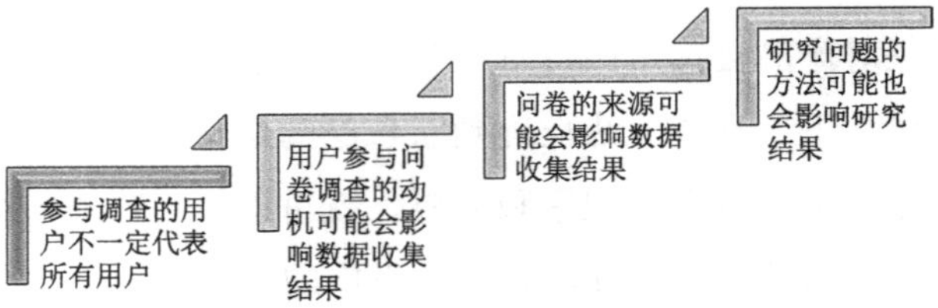

图 6-2　问卷调查影响结果的 4 个原因

方法二：用户访谈

访谈就是个人采访，企业向用户提出一些问题，然后由用户回答。一般企业所采用的访谈方式就是 QQ 访谈。与问卷调查相比，访谈更容易激发用户的响应。不过这种方式耗时，而且用户如果缺乏代表性，则很难获得有用的数据。

方法三：观察和提问

用户有时候很难解释清楚自己在做什么，也很难准确地用语言描述出来。所以企业就需要花点时间来观察他们是如何确定自己想要的。在观察和提问时，可以同时记录，虽然比较耗时，但是数据较为准确。

方法四：反馈页面

一般的产品都会设置反馈页面，用户对产品有什么要求或建议可以直接到反馈页面反馈出来。但是这种方法很被动，一般的用户是不会参加的。

方法五：设立反馈渠道

设立反馈渠道，如论坛，小米论坛、魅族论坛就是典型代表，这是最有效的方法。可以通过用户带动用户，积极性比较高。还可以邀请一些资深用户、发烧级用户加入论坛，这些用户一般都愿意反馈自己的意见。

方法六：数据工具

一般企业都有专属的数据工具，用来记录各种各样的用户行为，这是收集数据最快、最有效的方法，但成本较高，一般的小产品很难负荷。

6.2.2 数据处理

收集完产品运营所需的数据之后，就要对数据进行处理。数据处理是对数据的采集、存储、检索、加工、变换和传输。数据处理的基本目的是从庞大的、杂乱无章的、让人难以理解的数据中获取对产品运营有所帮助的数据。数据处理有专门的工具，以及各种各样的处理方法。但是不管使用哪种数据处理方法，其原则都是不变的。数据处理需遵守的原则包括以下几项。

原则一：简约

在处理数据时，要选择有用的数据，淘汰无用的数据；识别有代表性的数据，去除细枝末节的非本质数据；要能够确定数据之间的巨大差异，鉴别或挑出那些“以一当十”的数据。按照这些原则对数据进行简化，即使数据量不够庞大，也能起到相同的效果。

原则二：解释

虽然大数据处理的一些主要形式能够给企业、给产品以质、量和度等方面的总体性的形象和认识，但面对“不能言语”的具体数字、信息、图形以及虚拟视频，仍然需要企业或产品进行能动的和创造性的解释。也就是说，大数据究竟表达了什么，在很大程度上并不是由数据信息自身所标明的“客观实在性”来决定的，而是由企业对其解读时所拥有的整体上的解释力、构建力和知解力以及数据构建起来的理论形态和实践目的来解释的。因为只有通过人的感悟、觉识、分析、推理、判断和阐释，才能够赋予数据和信息多重意义，才能够挖掘出被隐藏的有价值的信息。

6.2.3 数据分析

数据分析是指用适当的统计分析方法对收集起来的大量数据进行分析，提取有用信息和形成结论而对数据加以详细研究与概括总结的过程。在实际中，数据分析可以帮助人们做出最准确的判断，以便采取适当的行动。数据分析是产品运营必不可少的一部分。

强调数据分析方法论与实际业务的结合，才能尽量确保数据分析维度的完整性和结论的有效性。而数据分析的方法论就是先搭建数据分析框架，把分析目的分解成若干个不同的分析要点；然后针对每个分析要点确定分析方法和具体分析指标；最后确保分析框架的体系化，也就是先分析什么、后分析什么以及各个分析要点的逻辑关系。这样经过数据分析得出的结论才具有说服力。

那么，如何保证分析框架的体系化呢？以营销、管理等理论为指导，结合产品的实际业务情况，建立分析框架，这样才能确保数据分析维度的完整性、结论的有效性和正确性。主要的理论模型有以下几种。

1．PEST

主要用于行业分析 。即政治、经济、社会文化、技术 4 个方面，如图 6-3 所示。

P	E	S	T
•构成政治环境的关键指标有政治体制、经济体制、财政政策、税收政策、产业政策、投资政策、国防开支水平、政府补贴水平、民众对政治的参与度等	•构成经济环境的关键指标有GDP及增长率、进出口总额及增长率、利率、汇率、通货膨胀率、消费价格指数、居民可支配收入、失业率、劳动生产率等	•构成社会文化环境的关键指标有人口规模、性别比例、年龄结构、出生率、死亡率、种族结构、妇女生育率、生活方式、购买习惯、教育状况、城市特点、宗教信仰状况等	•构成技术环境的关键指标有新技术的发明和进展、折旧和报废速度、技术更新速度、技术传播速度、技术商品化速度、国家重点支持项目、国家投入的研发费用、专利个数、专利保护情况等

图 6-3　PEST 数据分析法包含的内容

2．5W2H

5W2H，即何因（Why）、何事（What）、何人（Who）、何时（When）、何地（Where）、如何做（How）、何价（How much），应用相对广泛，可用于用户行为分析、业务问题专题分析、营销活动等。这对产品的决策和执行性的活动措施能起到非常大的帮助，也有助于弥补考虑问题时的疏漏（见图 6-4）。

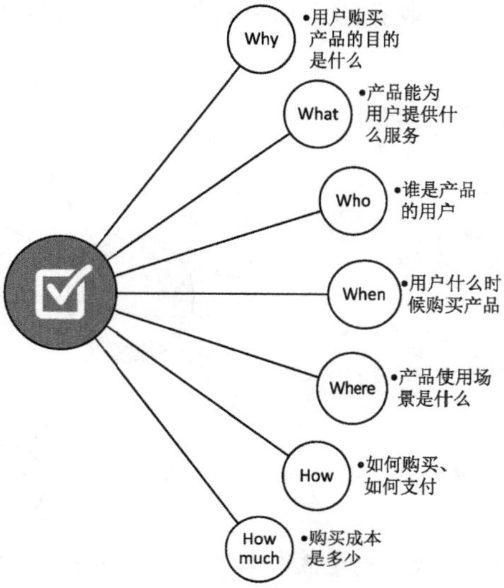

图 6-4　5W2H 用户行为分析

3．逻辑树

逻辑树又称问题树、演绎树、分解树，是将问题的所有子问题分层罗列出来，从最高层开始，逐步向下扩展。它可以帮助企业厘清产品思路，避免对产品进行重复和无关的思考。逻辑树的使用必须遵守以下三项原则，如图 6-5 所示。

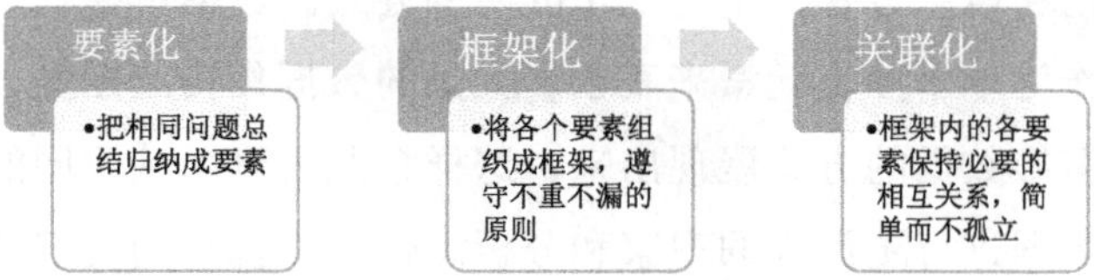

图 6-5　使用逻辑树分析需遵守的三项原则

4．4P

即产品、价格、渠道、促销，主要用于产品整体经营情况分析（见图 6-6）。

5．用户使用行为

即用户为获取、使用产品或服务而采取的各种行动。用户对产品先有一个认知与熟悉的过程，然后才会试用，再决定是否购买，最后成为忠实用户。用户使用行为的完整过程为：可以通过用户行为理论，梳理产品分析的各关键指标之间的逻辑关系，构建符合实际业务的产品分析指标体系（见图6-7）。

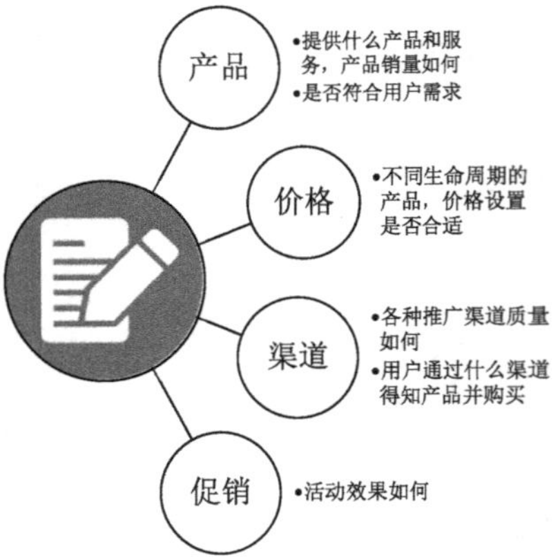

图6-6　4P分析法部分关注的重点

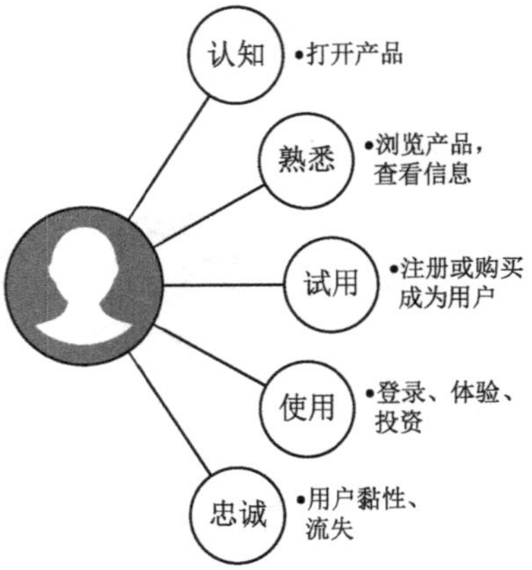

图6-7　用户使用行为

6.2.4　数据展现

完成数据分析之后，下一步动作就是如何将分析得到的产品数据展现出来。数据展现是一个非常关键的步骤，展现得当，企业才能快速得到准确的信息。一般来说，数据展现采取的都是可视化的方式。

数据可视化和信息可视化是可视化的两种方式。数据可视化是把数据库中的每个数据项目作为单个图文元素来表示。大量的数据集构成图像，同时把数据的各个属性值以多维数据的方式展现出来，这样企业就可以从不同的维度观察产品数据，从而对数据进行更深入的观察和分析。信息可视化则是把数据资料以视觉化的方式展现出来，是一种将数据与设计结合起来的图片，有利于企业向用户进行简短而有效的信息传播。

1．数据可视化的图表类型

数据可视化有很多既定的图表类型，每种类型都有不同的使用场景，也有不同的优劣势。

（1）柱状图。适合场景：二维数据集，每个数据值包括X和Y两个值，但只有一个维度需要比较。优势：可利用柱状的优势，反映数据差异，辨识度高。劣势：只适用于中小规模的数据集（见图6-8）。

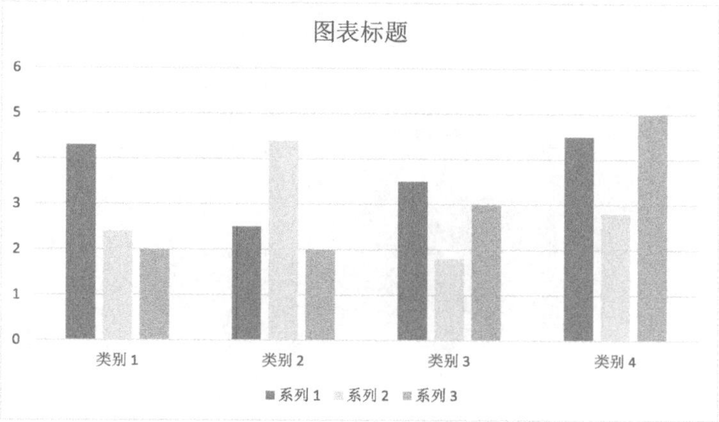

图 6-8　柱形图

（2）折线图。适合场景：二维大数据集，尤其是趋势比单个数据点更重要的情况，同时适合多个二维数据集的比较。优势：容易反映出数据变化的趋势（见图 6-9）。

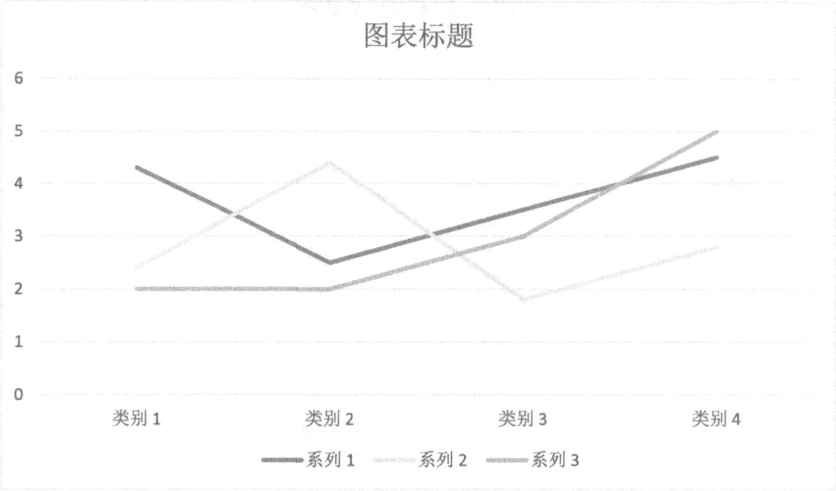

图 6-9　折线图

（3）饼图。适合场景：简单的占比图，一般用于不要求数据精度的情况。劣势：一般情况下避免使用，因为视觉不明显（见图 6-10）。

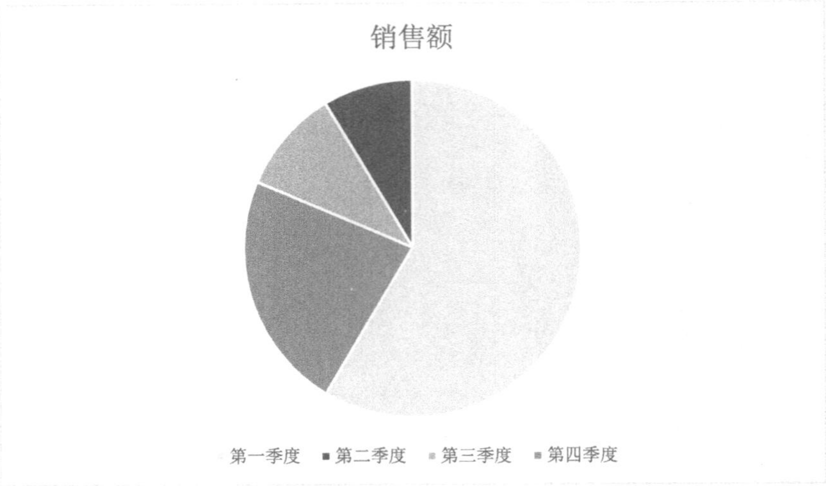

图 6-10　饼图

（4）雷达图。适合场景：多维数据集（4 维以上），且每个维度必须可以排序。劣势：用户不熟悉雷达图，解读有困难，使用时需加以说明。局限是数据点最多有 6 个，否则无法辨别，因此适用场景有限（见图 6-11）。

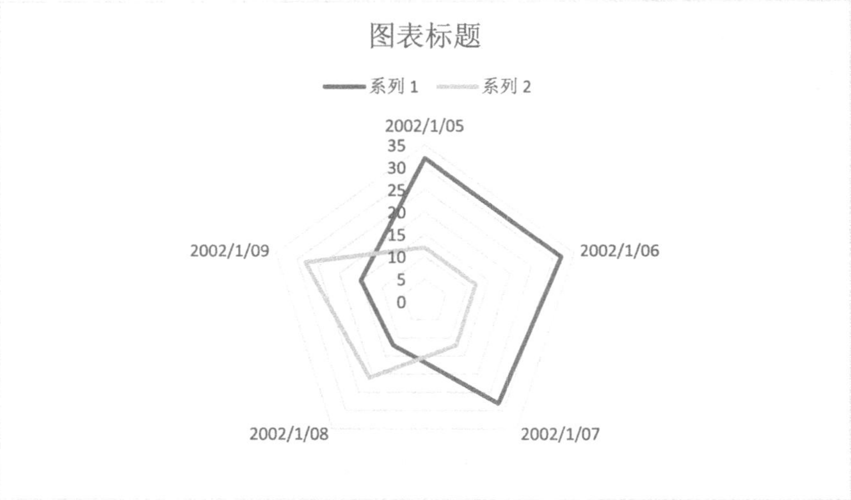

图 6-11　雷达图

2．数据可视化制作需注意的点

（1）饼图顺序不当。最好将份额大的部分放在 12 点钟方向，顺时针放置第二大份额的部分，以此类推。

（2）在线状图中使用虚线。虚线会让人分心,用实线搭配合适的颜色更容易区分。

（3）数据被遮盖。设计时确保数据不会丢失或覆盖。可以在面积图中使用透明效果来确保用户可以看到全部数据。

（4）耗费用户更多精力。通过辅助的图形元素可以让数据更易于理解，比如在散点图中增加趋势线。

（5）柱状过宽或过窄。调研数据显示，柱子的间隔最好调整为 1/2。

（6）数据对比困难。选择合适的图表，让数据对比更加明显。

（7）错误呈现数据。确保数据呈现准确。例如，气泡图的面积大小应与数值一致。

（8）不要过分设计。标明数据即可，避免使用与主要数据不相关的颜色，干扰视觉。

6.3 数据驱动精细化运营

前文说过，数据是驱动产品精细化运营必不可少的部分。那么，如何利用数据驱动精细化运营呢？这才是关键性的问题。其实在数据的内容控制上有 4 个关键点，只要把握住这 4 个关键点，就可以掌握数据驱动产品精细化运营的技巧。这 4 个关键点分别是属性的定义、地域的特点、运营的内容和行为的记录。

案例

电商，数据驱动出行市场精细化运营

某电商在针对出行行业做精细化运营时，就通过数据搭建了一个模型。这个模型的数据包括用户画像、关联分析和实时监控（见图 6-12）。

1．用户画像

车企的用户画像是怎样的呢？年龄层次：30 ～ 35 岁，需养家。这类用户对于实用型产品的需求大于消费型产品，比如座椅靠背这样的产品。

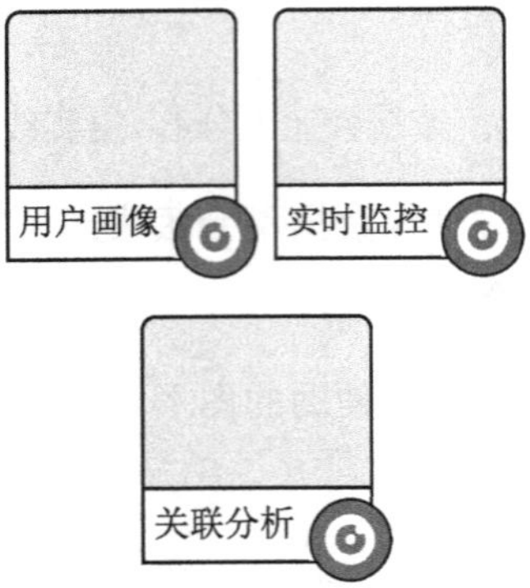

图 6-12　某电商行业建立的数据模型

通过这样的用户分析，该电商就可以缩小产品的范围，生产出符合用户需求的产品。

这个用户画像包括 4 个方面：一是平台上的数据；二是业务本身；三是用户到底需要和喜欢什么样的产品；四是产品销售的情况如何。而这些数据获取的前提条件是把全部产品展示出来，然后根据用户画像逐渐压缩范围。同时与其他企业进行跨界合作，将价格压至最低，配合一些线下导流的活动，扩大产品的知名度。

2．关联分析

数据分析是电商产品经常用到的，如 30% 的用户去买车产品时可能会买一个车体包。那么此时电商就会衍生出关联产品，然后进行关联推荐，形成一个完整的产品体系。

3．实时监控

建立一个数据实时监控系统，看用户进入网站的高峰期是什么时候，是中午 12 点还是下午 5 点，或者晚上 9 点，根据时间点来对用户进行广告推广。除此之外，还可以查看近日用户浏览次数最多的是什么产品，并将产品作为下一阶段的重点推广产品，或起到辅助作用的关联产品。

不同的产品在做精细化运营时需要的数据不同，但大体而言，一般包括以下 4 个方面。

1．属性的定义

包括用户对象的年龄、性别、职业和收入水平，这些都可以反映一个用户的流量。

2．地域的特点

包括很多和O2O相关的产品，每款产品的用户特点都是不一样的，每款产品不同地域的用户特点也是不一样的，所以企业要充分把握。

3．运营的内容

不同的内容有不同的用户反馈和用户记录。

4．行为的记录

用户在受其他因素影响的情况下可以访问线上的一些痕迹，包括搜索行为与点击行为。我们可以从几个维度看到关键指标，在进行某个维度的研究时先可以将其他几个维度固定下来，然后看这个维度的变化。

6.4 产品数据化运营，几个要点不能少

在做产品数据化运营时，有几个关键数据是绝对不能少的。这几个数据包括访客数、访问次数、页面和网站停留时间、跳出率、交互率、转化率。

6.4.1 访客数

访客数是指每天产品的用户访问量。访客数比IP数更能反映用户的真实数量。百度统计现在就完全弃用了IP数，把访客数当作数据统计的重点。

访客数主要以Cookie为依据进行判断，但每款电子产品的Cookie存在明显的差异性。在某些情况下，IP数会大于真实的访客数。所以，访客数要比IP数更能真实准确地反映用户数量。

关注产品的访客数可以让企业了解产品的活跃度以及新增用户量。如果新增用户量减少，那么企业就需要考虑举办一些拉新活动。

6.4.2 访问次数

访问次数是指访客完整打开了产品页面进行访问的次数。访问次数是网站的访问速度的衡量标准。如果访问次数明显少于访客数，就说明用户在没有完全打

开产品页面时就关闭了。如果出现这种情况，那么企业就要检查一下页面的打开速度是否足够流畅。一般来说，访问次数是大于访客数的。

6.4.3 页面和网站停留时间

页面停留时间指的是花费在一个页面上的时间。网站停留时间是指用户总共在产品上花费的时间。企业为什么要关注产品的页面和网站停留时间呢？二者该如何应用呢？如图 6-13 所示。

图 6-13 记录页面和网站停留时间的四大作用

1. 判断页面用户体验

从页面停留时间的计算方法中可知，页面停留时间是在有后续行为的情况下计算出来的，因此通过把每个页面的停留时间统计出来，可以判断用户停留时间长或短的原因。如果用户在搜索结果页面停留时间较长，那么很有可能是搜索结果不能满足用户需求；如果用户在列表页面停留时间过长，那么很有可能是产品的列表页面筛选做得不够人性化；如果用户在产品终页停留时间长，那么很有可能是终页内容展示过多或用户没有找到他想要的内容。

2. 访客再营销

企业可记录下那些在网站浏览时间很长，但最后没有完成购买行为的用户数据，然后对这些用户进行再营销。但问题是用户只有在用账号登录的情况下，企业才能够得到用户的 ID。

3．主动弹出优惠信息

当用户在特定页面停留时，主动弹出优惠信息，激发用户的购买欲。也可以弹出客服窗，解决用户的困惑，促使用户下单。

4．当转化目标来用

在没有下单流程的企业中，可以使用页面或者企业网站停留时间来作为一个目标，继而计算目标转化率。比如那些主要以电话预订作为目标的网站，如果有一定量的用户到达了企业网站，但是并没有下单，而是直接打电话预订，那么就可以用户的页面停留时间作为计算转化目标的标准。

6.4.4 跳出率

跳出率是指用户进入产品后，仅浏览了一个页面就马上离开。观察跳出率可以得知用户对产品内容的认可程度，或产品是否对用户有足够的吸引力。跳出率是衡量产品内容质量的重要标准。

那么，是什么原因导致产品的跳出率过高呢？总结起来有以下几点（见图 6-14）。

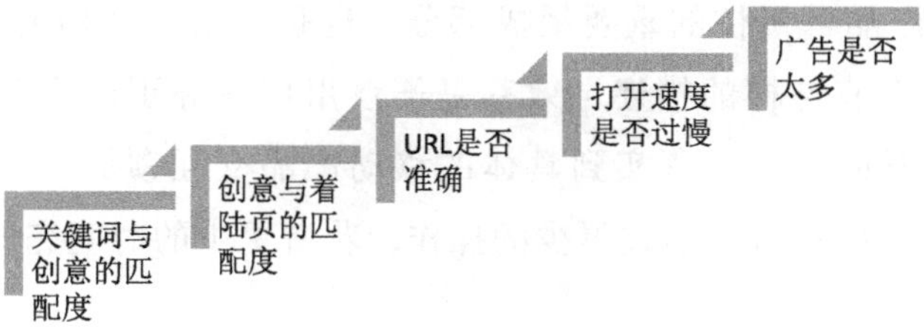

图 6-14 产品跳出率高的五大原因

1．关键词与创意的匹配度

选择正确关键词的前提条件就是对产品和用户的点击行为有充分的了解。根据产品网站中的用户反应及用户行为去定位关键词和创意，匹配度越高的关键词，最终的转化率也越高，并且可以有效降低产品推广的成本。

2. 创意与着陆页的匹配度

在产品推广的过程中，要注重创意与着陆页的匹配度。所有的推广创意都要以着陆页的内容为核心。产品的创意和着陆页的匹配度越高，点击之后的跳出率自然就会降低。这就要求产品的推广人员对产品的着陆页进行彻底的分析，设计内容，按照产品及关键词展开；推广时，完全按照规划去操作。

3. URL 是否准确

在设计着陆页时，一般的专题或产品着陆页一定要有自己的特色，避免选择较长的动态链接。链接太长，可能会使系统无法完全识别。越短的 URL 越有利于产品推广。

4. 打开速度是否过慢

如果你的产品打开页面时间超过 3s，那么用户的跳出概率就会增加 50% 以上。因此，一定要解决好着陆页打开速度的问题。

5. 广告是否太多

很多产品为了赚广告费，把广告的载入顺序优化，先载入广告再载入产品内容。过长的广告载入直接导致用户关闭甚至卸载产品。

6.4.5 交互率

交互率是产品可用性的重要组成部分，也是可用性评估的一个重要数据。ISO 9241 对效率有这样的描述：效率是衡量用户任务正确度和完成度与所消耗的资源量关系的指标。落实到具体的移动产品交互领域，我们就可以这么理解：高效率意味着用户通过更少的操作、花费更少的时间完成交互任务，达到目标。

一般而言，每个具体任务可以拆分为一个个子任务，而子任务的完成则依赖一系列的具体操作行为（见图 6-15）。也就是说，每多一个子任务，用户花在产品操作行为上的时间就越长，这是很多用户都不愿意的。用户更希望的就是能直接省略子任务的流程。

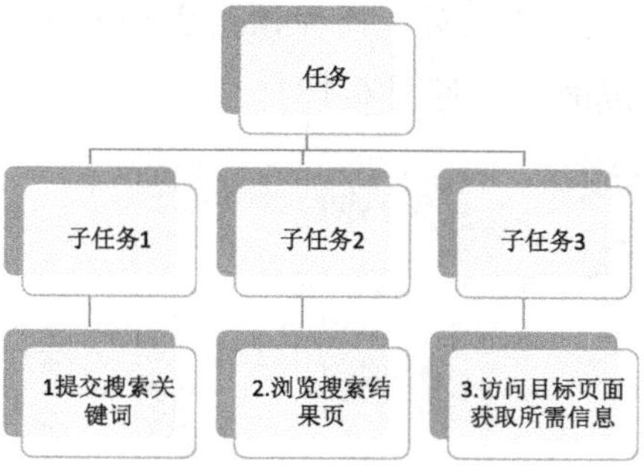

图 6-15　任务模型

如何提升产品的交互率呢？可以按照以下几个方面来做。

1．减少子任务的数量

子任务数量的减少可以有效缩短用户完成任务的总时间，进而起到用户交互率的提升作用。比如，用户用手机搜索某个旅游地点的天气，用户的目的是能够在最短的时间内获取到与旅游地点天气相关的信息。而这个搜索过程，用户只需要输入关键词，点击“搜索”即可完成（见图 6-16 和图 6-17）。

图 6-16　输入关键词

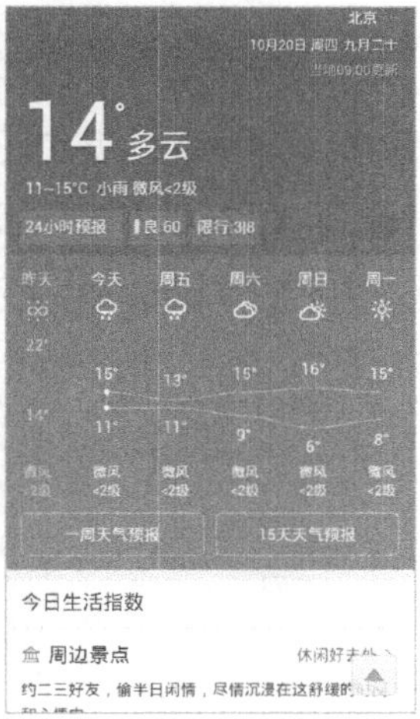

图 6-17　直接显示搜索结果

2．降低单个操作行为的难度

降低单个操作行为难度的目的是缩短单个子任务的完成时间，从而提升整个使用过程的交互率。比如百度手机搜索提供了语音输入方式，开启语音输入功能后，用户直接说话就可以完成任务，而无须再手动输入，降低了操作行为难度，减少了单个子任务的完成时间（见图 6-18）。

图 6-18　百度语音搜索

3．提供任务的并行完成路径

在产品的交互流程中一般都会存在一些关键子任务，如果用户在这个过程中遇到了阻碍，就会影响下一个子任务的执行，从而降低整个交互行为的效率，甚至中断交互行为。针对这种情况，企业可以提供任务的并行完成路径。

例如微信，除了提供手机版本，还提供了电脑版本。电脑版本都需要进行版本适配，因此列出适配版本的资源表。一般会提供三种搜索方式：一是微信网页版；二是微信 Mac 版；三是微信 Windows 版。用户可以根据实际情况自由选择（见图 6-19）。

图 6-19　微信各个版本下载

4. 减少具体操作行为的数量

提高交互率的另一种方法就是减少具体操作行为的数量。这些具体的操作行为通常包括长按、点击。例如，手机百度提供了快速翻屏的功能，只需点击方向键即可实现快速翻页，无须像过去一样逐次点击下一页（见图 6-20）。

图 6-20 手机百度左右键翻页

5. 考虑用户情况

在实际操作中，用户的操作行为并不能达到 GOS 模型那样的理想状态，如果要提升交互率，就需要考虑用户情况。

（1）新手用户与熟手用户。为新手用户提供操作指导，避免其在操作过程中出现错误，让用户能够迅速完成自己的目标。为熟手用户提供快捷操作方式，提升单位任务的交互率。可以通过画面或状态栏提供快捷操作提示，帮助新手转化为熟手。

（2）认知时间。把重要信息和需要用户操作的信息列为重点，将之放置于页面顶部凸显出来，减少用户对产品操作的认知和摸索时间。保持页面信息的通俗、简洁、准确，让用户能够快速理解产品。

6.4.6 转化率

什么是转化率？对此，百度百科的解释是这样的：转化率指在一个统计周期内完成转化行为的次数占推广信息总点击次数的比率。转化率是一款产品最终能否盈利的核心，提升产品转化率是产品综合运营实力的结果。

案例

蘑菇街：通过转化率任务分解，提升转化率

转化率一直是电商行业追求的重点。无论是流量引导还是购买，都存在各种转化率。但是很多电商虽然花了很多时间和金钱在转化率上，但是效果却不佳。这是为什么呢？我们现在来看看早期的蘑菇街是如何提升转化率的（见图 6-21）。

图 6-21　蘑菇街

蘑菇街的浏览购买路径存在“在蘑菇街逛”和“去淘宝买”两个部分。在蘑菇街逛的部分，用户是从各个渠道进入首页或者推广页的。这是第一步转化。

进入蘑菇街后，用户可以看到很多产品，翻页查看，看到喜欢的才会点击进去，进入详情页。这是第二步转化。

进入详情页后，判断信息认为不错，点击购买，跳入淘宝。这是第三步转化。

到淘宝之后，购买。这是第四步转化。

所以，蘑菇街的购买转化率很好计算，把 4 个转化率相乘即可。

把转化率进行详细分解，为的就是调整以后的运营方向。像蘑菇街这样的电

商网站，为的就是解决用户买什么的问题，最终让用户产生购买行为。因此，整站的转化率非常重要。蘑菇街把提升整站转化率的任务进行分解，提高每个环节的转化率（见图 6-22）。

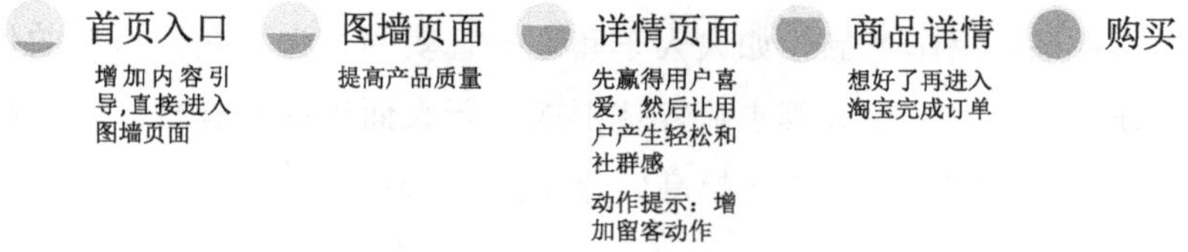

图 6-22　蘑菇街转化率任务分解

第一步：增加内容引导，让用户快速进入图墙页面，提高进入蘑菇街的用户到图墙页面的转化率。

第二步：要提高图墙页面的转化率，就必须提高产品质量，吸引用户，还要设置流动机制、推荐机制，同时要设置更多的吸引点，吸引用户点击查看详情。

第三步：在进入详情页面之前赢得用户喜爱，用户基于喜爱产生的购买意愿就会加强，然后通过各种手段使用户产生轻松和社群感。如此，蘑菇街就达到了提高详情页面到淘宝的转化率的目的。在访问路径上，蘑菇街的最后页面不会直接关闭，而是产生更多相关推荐，留住用户。

第四步：提高到淘宝后的下单率，这些就必须在蘑菇街里完成。

通过分解转化率，蘑菇街目前到淘宝之后的转化率平均达到 8%，个别类目更高，超过淘宝类目本身。

产品的转化率低，那么都有哪些原因以及提高的方法呢？

1. 产品太新，用户不能理解

用户对于新产品一般都不能理解，因此需要培养和教育。对用户的培养与教育不用谈产品逻辑以及技术优势，只需要降低门槛，让用户去使用产品。就像互联网金融早期都会选择发放红包让用户体验。如果用户发现操作方便、资金安全，并且真的有收益，就会逐步接受产品。

除了采用免费策略提高转化率，另一种策略就是人群的单点打透。从众效应是非常强的，当我们看到别人在使用时，在潜意识里就会接受使用。在推广过程中，可以发起更多面向细分人群的社群，组织更多的活动。社群越小，用户越活跃，越能受从众效应影响。

2．品牌太新，用户不信任

新品牌，转化率都是比较低的，如果用户使用成本低那还好一些，如果是使用成本高的产品，用户就会产生不信任感，因为会担心产品不好给自己带来损失。

典型的就是二手车产品，如人人车和瓜子直卖网，为了获得用户的信任，采用央视、分众、开屏、视频等主流媒体形式进行大面积的品牌推广，提高品牌认知度，提高用户的信任度，进而提高转化率。

3．体验感太差，用户不喜欢

这是很多产品失败的原因。当用户打开一款产品时，不知道怎么用，就需要有内容来引导，还有就是用户能在产品内直接找到自己想要的内容。这些都是好的产品体验，也是提升产品转化率的关键。

6.5 搜索数据分析

搜索数据分析的方法其实很简单，分为站内搜索分析与 SEO 搜索分析。不过，需注意，虽然搜索方法简单明确，但是需要掌握的技巧和关键点却不少。

6.5.1 站内搜索分析

以关键字搜索量与竞争度的分析、问卷调查等方式来调整或新增产品的内容是企业惯用的手段，但这种方式的分析结果有可能存在企业的主观臆断，使所得结果与用户意愿产生偏差，而对站内搜索数据的分析则可以有效地解决这个问题。站内搜索分析的特征与优势是针对性强、精准度高、直观确切等，是企业了解用户需求的最佳数据。搜索词、搜索浏览页数、搜索退出百分比等站内搜索使用的数据都是目标用户的行为数据，可直接揭露用户的内心需求，以及与产品内容的匹配程度。

那么，如何对站内搜索数据进行分析呢？企业可按照以下几个步骤进行（见图 6-23）。

第一步：从热门关键词入手

确保产品提供的搜索结果与热门搜索词达到最佳的匹配效果，并持续优化搜索结果展示方式，加强对访客行为的引导。

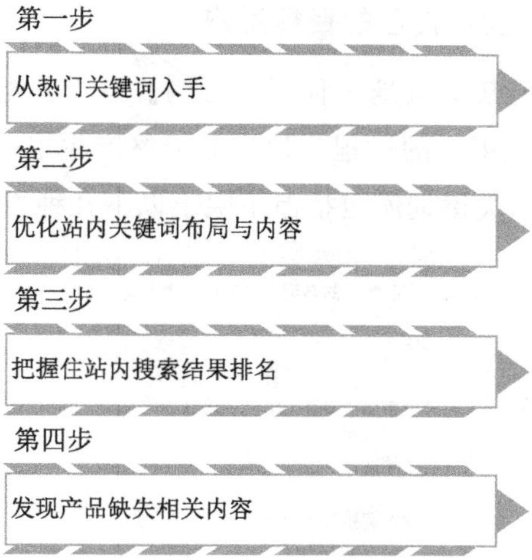

图 6-23 站内搜索分析的 4 个步骤

第二步：优化站内关键词布局与内容

站内搜索关键词是 SEO 优化与 PPC 付费的最佳关键词来源。它们直接显示潜在用户在产品上所期望获得的内容，如果企业能满足用户的需求，这些用户就能从潜在用户转化为使用用户。因此，对于搜索次数高但转化率不理想的关键词，可以考虑将其添加到 SEO 优化或 PPC 投放列表中，确立首选着陆页，进一步优化关键词布局与内容，获得更佳的目标转化。

第三步：把握住站内搜索结果排名

优化站内搜索结果的排名，让用户第一时间就能获取所需内容。同时提高交互率、减少跳出率。

第四步：发现产品缺失相关内容

对站内搜索词进行深入分析，发现产品缺失相关内容，根据缺失的部分对产品内容进行调整、优化与新增。

6.5.2 SEO 搜索分析

对 SEO 进行分析可以提高流量，这是毋庸置疑的。那么，SEO到底要怎么分析、如何优化才能达到自己想要的效果呢？其实基本的游戏规则包括两点。

1. 在搜索用户中发现自己的目标用户

对目标用户的界定其实就是一种匹配行为。这个匹配过程也是产品了解自身，用自身特性去框住用户的过程，让企业最终产生出一个符合产品业务的搜索关键词库。这个搜索关键词库包括但不限于以下几种方式，如图 6-24 所示。

搜索关键词库的方式	与自身产品相关的名词、品牌词、属性词
	站内搜索词
	产品在搜索引擎中获得曝光和流量的词
	百度相关搜索词
	百度凤巢扩词接口扩出来的词
	百度指数中的相关词
	竞品站点上结构化的数据
	上述关键词切词后获得的词

图 6-24　搜索关键词库的方式

不同行业的产品，其关键词的特征也是不一样的，这就需要企业在大量领域内关键词的基础上去提取特征。关键词的整理可以通过系统化的方式来实现，比如图 6-24 中的方式。但并不是所有方式都符合，因此还需要结合人工进行处理。

2. 在搜索结果中触达用户

SEO 的基本套路就是目标尽可能多地占到搜索结果页的前几位，这样才能实现用户的触达。那么，产品要如何触达用户呢？

搜索引擎的工作分为离线部分与在线部分。离线部分负责抓取，构建倒排索引；在线部分则负责提供前台搜索接口，根据用户的搜索词取倒排索引，计算排名，然后进行个性化处理，最后返回包含 10 条结果的搜索结果页。根据这个原理，触达用户的目标就变成了图 6-25，对应的漏斗模型则如图 6-26 所示。

通过这个漏斗模型可以表示 SEO 业务层面上的数据链接，而从系统上支持链接的数据监控就可知道目标、产出和中间过程的每个细节，企业就可以更好地利用数据驱动 SEO 工作。

触达用户的目标	站内存在与用户的搜索词相关的页面。这一步是内容与页面的覆盖
	这个页面被搜索引擎抓取、索引，并且存在于参与排名的索引库中
	这个页面获得好的排名
	页面的小广告，如title、description、缩略图，可吸引用户点击
	这个页面能满足用户需求，而不是很快跳出，去访问别的搜索结果条目
	这个页面能帮助产品达到品牌曝光或者转化的目标

图 6-25　触达用户的目标

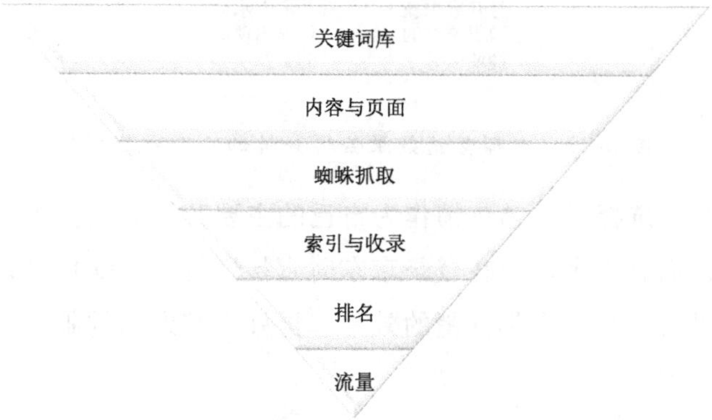

图 6-26　漏斗模型

6.6　营销数据分析

市场营销是产品不可或缺的一部分，但是由于很多企业缺乏营销分析的概念以及具体的操作方法，不懂得有效利用已有的数据，营销分析只停留在数据和信息的简单汇总和流水账式的通报的表层，缺乏对数据的深入分析，结果让产品运营存在极大的失误风险。

6.6.1　电邮营销效果分析

电子邮件营销（EDM）简称为电邮营销，是在用户事先允许的情况下，向目标用户传递价值信息的一种网络营销手段。电邮营销是许多互联网产品必备的营销手段之一，对电邮营销数据进行分析也是必不可少的。

其必须分析的几个数据指标如图 6-27 所示。

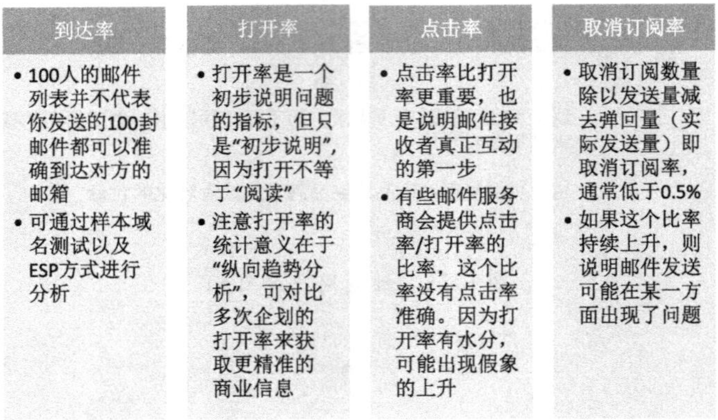

图 6-27　电邮营销效果必须分析的 4 个数据指标

例如，京东就选择了电邮营销作为自己的主要营销方式。用户在注册时都会填写电子邮箱，而且很多用户在登录京东时直接选择了 QQ 登录，这给了京东进行电邮营销的机会。京东电邮营销的效果非常好，其发送的邮件很少被放入垃圾邮件中（见图 6-28）。

图 6-28　京东电邮营销

6.6.2 线下营销效果分析

有些运营者经常忽略线下营销效果的测量，因为他们不知道如何下手。这个现象多发生在电商产品及 O2O 产品身上，因为它们无法把网站上的访问信息甚至注册用户账号与线下的用户联系到一起。其实，有几种方式还是可以帮助电商产品及 O2O 产品跟踪或测量线下营销效果的，如图 6-29 所示。

实体店地址信息页面	专用电话号码	网站专用购物礼券	以会员卡获取用户资料
•如果线下和线上一起展示产品，则用户在网站上浏览产品并做出购买决定，可能在网上直接生成订单，也可能去实体店完成购买，所以实体店地址的网页访问次数在某种程度上就可以作为线下测量效果的依据之一 •网站可以通过下拉菜单或者其他简单的程序让用户先选择地理位置，然后显示相应的实体店地址和交通路线图。用户在选择自身地理位置后才能看到相应的实体店地址页面，这个选择过程会在网站统计中被记录	•在网站上列出客服电话号码，只要是在这个专用的电话号码上接的电话，就可以肯定是通过网络营销渠道带来的用户和销量	•用户在网站上发现了优惠券和折扣券，然后打印出来拿到实体店使用 •优惠券上必须要显示为网站专用，而且在其他地方得不到。这样可以通过实体店中被使用的网站专用优惠券数量去估算由网站带来的消费数量和消费金额	•如果在线下为用户提供某种形式的会员卡，比如VIP卡、积分卡等，则也可以在电商网站上鼓励用户使用这类会员卡登录网站，并以此得到更多促销信息或积累一定点数 •可以将持卡人在网上的浏览记录和线下的购物活动联系起来，从而计算网上浏览活动与真实线下购买的关联度

图 6-29　线下营销效果分析的 4 种方式

6.6.3 线上营销效果分析

线上营销效果也就是网络营销，现在基本上是每款互联网产品都会选择的推广渠道之一，而且还是重中之重。那么，线上营销效果如何自然也是这些互联网产品必须要关注的重点之一。一般来说，分析线上营销效果，有几个数据指标是不能忽略的，如图6-30所示。

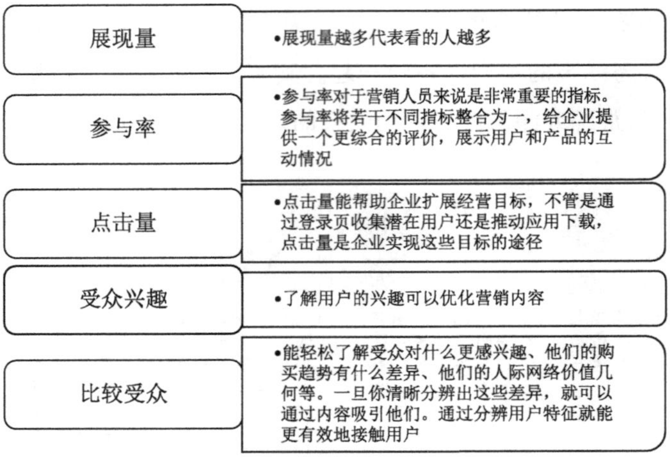

图6-30　线上营销效果必须分析的5个数据指标

7

产品运营要优化，发现问题解决问题

没有人是天生完美的，产品运营也是一样。在运营产品的过程中，会发现产品的各种各样的问题以及产品运营过程中各种各样的问题，而要解决这些问题就离不开优化。优化是帮助产品趋于完美、帮助产品运营提升效果的最好的方式。

7.1 什么是产品优化

产品优化是指在不改变产品性质的情况下对产品结构进行调整，使产品获得更大的使用价值。产品优化主要包括以下几个方面：

（1）扩大产品组合。它包括扩大产品组合的宽度和长度。前者是在原产品组合中增加一个或几个产品大类，扩大产品范围；后者是在原有产品大类内增加新的产品项目。

（2）缩减产品组合。当市场不景气时，缩减产品组合反而可能会使利润上升。这是因为从产品组合中剔除了哪些获利很小甚至亏损的产品，让企业可以集中力量发展获利多的产品大类和产品项目。

（3）产品延伸。产品延伸包括三个方向，如图 7-1 所示。

向下延伸	向上延伸	双向延伸
• 企业原来生产高档产品，后来决定生产低档产品	• 企业原来生产低档产品，后来决定增加高档产品	• 原定中档的产品后来向上、向下延伸

图 7-1　产品延伸的三个方向

（4）产品大类现代化。逐步实施技术改造，或以最快的速度用全新设备更换原有产品大类。

以上四种是传统的产品优化方式，而互联网产品的优化多指产品功能和用户体验的优化。

7.2 以用户体验为中心的性能优化

每款互联网产品都会做定期优化，但是有的产品优化后获得了用户的赞许，而有的产品优化后反而还不如原来那一版本。这是为什么呢？其实原因很简单，就是那些被用户抱怨的产品优化不是以“用户体验”为中心的，他们在进行产品优化时只站在自己作为技术人员的立场上，而没有站在用户的角度来思考用户到底要的是什么。

7.2.1 设定“一切为了用户体验”的优化目标

在一切以用户体验为中心的互联网产品时代，任何开发活动都是以改善用户体验为终极目标的，性能优化更是如此。

案例

新浪微博：基于用户改善广告体验

新浪微博商业化的关键依据是广告业务，其基础是海量的用户群。但新浪微博的广告多是硬广告，不少用户对此表示很反感。为了改变这一现象，新浪微博一直着力改善广告体验，而其改善的核心准则就是“一切为了用户体验”（见图7-2）。那么，新浪微博是如何做的呢？

图 7-2　新浪微博

改善一：创新形式，美化页面设计

感官体验是用户对广告页面最为直接的生理体验，包括美感层面与技术层面，前者指的是色彩搭配、文字动画、界面布局，后者指的是打开速度、链接流畅度。新浪微博的核心用户是 18 ～ 25 岁的学生和白领，这类人群对广告界面的设计感更为关注（见图 7-3）。

图 7-3　新浪微博广告

新浪微博的广告形式以硬性网幅广告居多，而且社交情景丰富的优势尚未得到充分体现。对此，新浪微博给出的解决办法是在用户熟悉的生活情景中放入硬化的产品广告，真实的情景、相关度高的广告可以有效降低用户对广告的抵触情绪。据此，新浪微博选择了一些设计精良且具备美感的广告进行投放，并对页面的广告数量进行严格控制，通过技术完善提高广告链接的打开速度和流畅度，从而有效提升用户的体验感。

改善二：精准投放，为用户创造价值

新浪媒体广告能帮助企业主实现更加精准的营销，以“为用户创造价值”为出发点来改善广告体验。

在发展初期，新浪微博并没有意识到收集用户社交行为数据的重要性，因而造成了后期新浪微博被“骨灰盒”广告轰炸的负面事件。中小广告主是新浪微博广告的主要贡献者，广告商可以自主决定用户类型来进行广告投放。不过需要注意的是如何避免“未关注微博的广告却展现在自己页面而产生的被绑架感”。

对此，新浪微博选择以网购优惠信息为主的、对用户有价值的广告推送到用户面前，让用户因价值而接受。

为了做到这一点，新浪微博从数据的采集、分析再到运用，力求各个环节优化算法，将品牌推广到切实相关的用户面前。

改善三：互动营销，提升情感体验

与传统媒体相比，新浪微博广告的优势是用户参与度更高、社交场景丰富多样。而这两种优势给新浪微博的广告体验改善提供了更多的可能性（见图 7-4）。

图 7-4 新浪微博“粉丝夺宝”广告

体验改善一：增加广告的趣味性。在后期，微博的广告内容一般以新奇、有趣的视频为主，用趣味性引发用户的点击兴趣，最终使广告达到裂变传播的效果。我们经常可以看到，微博上表面上是搞笑视频，实则是广告宣传的小视频。这类视频通常都有很高的点击率。

体验改善二：提高广告的互动性。这种互动性指的是以社交为基准，让用户心甘情愿地加入广告互动中。新浪微博通过提供定制的页面替小米、魅族等广告主推送信息给用户，让用户加入这些广告主的互动活动中。

1．别让我等，别让我烦

曾有人提出用户体验三准则：“别让我等，别让我想，别让我烦”，交互与视觉设计是以“别让我想”与“别让我烦”为中心的，而性能优化则侧重“别让我等”

和“别让我烦”。比如打开页面过长，就会导致 50% 的用户离开；多一个注册程序，也会导致用户离开。所以，性能优化的第一步就是设定“一切为了用户体验”的优化目标。

2. 了解用户痛点，计算体验得分

在进行优化之前，企业需要先了解什么是“别让我等，别让我烦”的用户痛点，并获得这些痛点。在优化项目开始阶段，需要对痛点的优先级进行排序，越痛的排名越靠前，然后给每个痛点赋予权重，再将权重与对痛点的改善程度相乘，最后得出每项改善体验项目的得分。完成后将每个体验得分相加，得出总分数，如果分数提高了，就代表体验改善是成功的；反之，则是失败的。

QQ 音乐一开始对流媒体性能优化的定位就是解决用户困扰。在进行优化时，QQ 音乐首先想到的就是哪里才是用户痛点、我要如何知道用户痛点。

QQ 音乐利用“千百十进”的数据计算准则进行了几个月的实践，最后得出了用户的 4 个核心痛点（见图 7-5）。在这 4 个痛点中，就有“别让我等，别让我烦”的用户诉求。

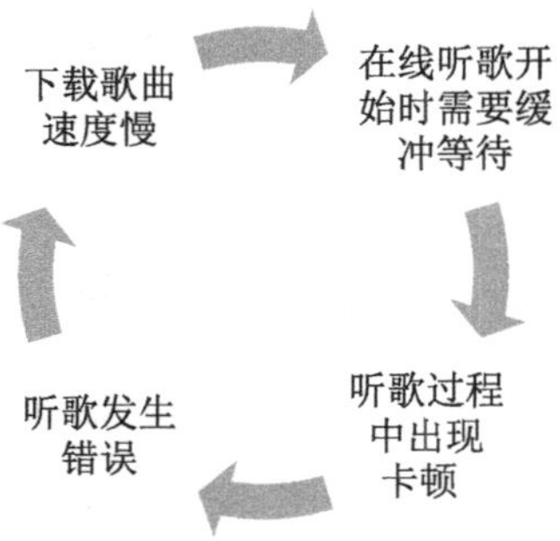

图 7-5 QQ 音乐总结出的 4 个用户痛点

QQ 音乐首先对 7-5 图中的 4 个痛点进行了优先级排序，然后给每个痛点赋予权重，分别是 40%、25%、20%、15%，最后按照优先级在不同的发展阶段根据产品策略做出不同的调整。

7.2.2 真实、全面、准确地收集用户体验数据

互联网产品相对于传统软硬件产品的优势就是可简单地获取所有用户的真

实、全面的体验指标数据。因为用户的使用场景是不断变化的，只有关注真实的体验数据，才能知道自己的产品性能是否得到用户的认可。

1．搭建一个海量数据分析平台

要监控不同的优化策略产生的实际优化效果，就需要搭建一个海量用户数据分析平台，用以收集用户每天产生的数据，然后再进行计算，最后进行处理和展现。将所有用户数据进行核心体验指标平均值计算，再进一步计算核心体验得分。通过监控体验得分的脉络走向，企业就能掌握不同优化策略所带来的效果。

2．数据收集需要准确、真实、全面

只有具备一定规模的数据，才能够对优化产生指导意义；否则，很容易因为数据的波动而让策略判断降低准确性。要达到足够的准确度，企业可以采取HTTP/TCP 协议方式进行数据上报，然后制定不同的使用场景，进行客户端的抓包分析。为了保证数据的全面性，上报接入后台的服务数据可以与多地的运营商合作，进行多地域的、广范围的部署，最大限度地收集不同用户的数据。

当数据收集达到一定量时，需要对用户进行不同维度的结构对比，并将对比的结果展示出来，这样才能让优化策略对不同维度指标的变化所带来的影响程度的观察活动变得相对简单、便捷。

例如 QQ 音乐，在生成体验得分曲线之后，还针对不同的 CDN、运营商、省份城市、客户端版本、歌曲码率、网络环境等维度，进行指标与得分的对比展示。

7.2.3 从后端到前端的“一揽子”优化策略集

在确定了核心体验指标并完成体验得分监控的任务后，企业的下一步行动就是进入优化策略的提出与实施程序。这一程序是从后端到前端的“一揽子”优化策略集，主要包括以下几个方面的内容。

1．接入层采用竞速接入

在互联网产品的特性中包含跨地域性与跨运营商，因此，在产品的接入层就要做到这两项特性的分布式部署。这样产品的接入服务器才能离用户更近，才能取得更好的运营效果。

但是因为运营商网络地址转化、域名劫持、本地DNS错配的问题，产品不一定能准确地接入服务器分配给用户。而解决这个问题的办法就是给用户多分配几个备选节点，通过测速，竞争选择最优的接入节点。如此操作还有一点好处，就是万一某个节点发生问题，用户可以立即切换到其他没有问题的节点。

QQ音乐通过在最接近用户的地方设置缓存节点，用户可通过最近的缓存节点来获取数据。QQ音乐安排了三个CDN供应商来提高流媒体文件发布的速度，然后让用户向这三个CDN同时发起测试请求，请求完成后，QQ音乐的用户就可以选择速度最快的CDN进行访问。这样做可为QQ音乐带来三个好处，如图7-6所示。

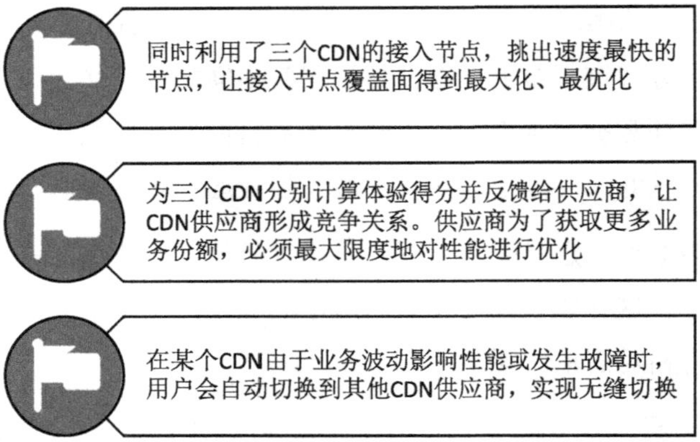

图7-6　QQ音乐设置缓存节点带来的三大好处

这样QQ音乐对调度到用户在哪个接入节点出现问题带来了动态和智能调度的优势，以及供应商持续优化服务质量的动力。

2．将数据缓存在离用户最近的地方

缓存是提高互联网产品性能的有效手段之一。CDN网络就是通过建立缓存节点来提高内容传输速度的。缓存节点与用户越接近，性能提高的效果也就越明显。一般情况下，本地磁盘/Flash存储是效果最好的缓存节点。

QQ音乐则采取了以下做法：首先，缓存用户最近听过的歌曲；其次，把最近较少听的歌曲淘汰；最后，把更多的缓存空间留给歌曲首片数据，而不是整首歌曲。这样就可以得到三点好处，如图7-7所示。在实行这样的缓存方法后，用

户听歌命中首片数据缓存的比例从 85% 提高到 95%，大大增加了用户一点即听的概率。

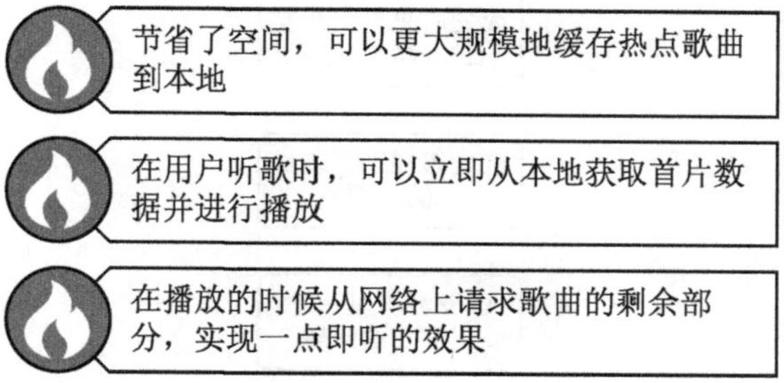

图 7-7 QQ 音乐采取首片缓存的三大好处

3．使用 IP 方式访问服务器

域名劫持是互联网产品最常遇到的一个问题。因为某些特殊原因，中国的运营商都需要建立一台自己的缓存服务器，用以存储各种内容。但是这些缓存服务器的内容一般都不完整，而且不具备时效性，因此存在服务质量低、用户无法正常访问的情况。而服务器 IP 下发的方式也可以帮助互联网产品解决域名劫持问题，且不存在上述问题。

QQ 音乐为了解决这一问题，提高用户体验，也采取了服务器 IP 下发的方式，根据客户端来访的出口 IP 地址，把最合适的服务器 IP 列表发送给用户，并为用户选择一个最佳的 IP 访问地址。当 IP 访问地址出现失效问题时，可以通过重新获取的方式来解决。

7.3 利用 A/B 测试驱动产品优化

A/B 测试目前已经被广泛应用于国内外企业，最典型的案例就是谷歌公司。国内的阿里巴巴、百度、滴滴等知名企业，也在使用 A/B 测试来对产品进行优化。

7.3.1 A/B 测试可解决的产品优化痛点

为什么互联网产品要使用 A/B 测试呢？其实 A/B 测试可以解决目前产品优化中的一些痛点（见图 7-8）。

图 7-8　A/B 测试可解决产品优化的四大痛点

1. 改变传统依靠经验的决策方式

很多企业在进行决策时，会依靠产品直觉、视觉经验等来进行产品优化，凭借过往经验来决定产品的未来发展方向。而这往往会阻碍人的创新思维，导致很多想法缺乏实践性，久而久之，不仅影响产品的发展，同时也会影响整家企业的发展。

2. 改变后验导致开发成本高的问题

后验指的是产品发布以后再去收集数据验证指标。现代企业对数据越来越重视，因此它们通常采取的方式是：先把产品发布出去，然后继续收集数据，经过一段时间的沉淀再去判断哪个版本更好。但是，在用户流量很大的情况下不先实行小流量测试就直接上线，一旦改版失败，就会造成大批用户的永久流失。

3. 改变忽视细节改变的问题

企业通常认为只是一些细节改变不会对产品造成多大的负面影响，其实产品的一些优秀表现正是由这些细节组成的。如果企业采用 A/B 测试，从一次点击、一张图片或一句文案等来进行改变，也许就能累积出一个爆发式的增长。

4. 改变流程复杂、周期长的问题

如果企业现在有很多方案需要验证，那么通常的做法就是排期，也就是在每个方案上线之后进行数据分析得出结果，再上线另一个方案。这时就会出现这样的问题：企业的方案不是针对同一类用户设计的，而用户在不同的排期是会变化的。因此，这种方法并不适合。

7.3.2　A/B 测试的操作步骤

A/B 测试的操作步骤总的来说很简单，也就是四个步骤（见图 7-9）。

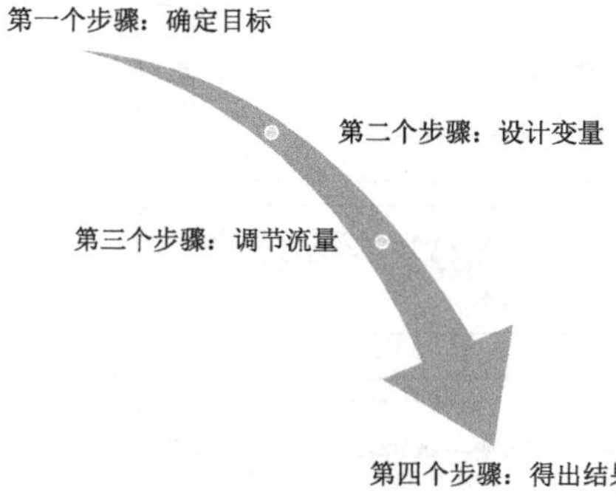

图 7-9　A/B 测试的四个步骤

第一个步骤：确定目标

首先要确定 A/B 测试要达到的目标，如想要提高购买的转化率或者着陆页的点击率等。

第二个步骤：设计变量

确定目标后，就要设计进行测试的变量是什么，比如不同的颜色、文案，然后再去确定什么样的数据才能够代表指标。确定好这些之后，就可以将新版本上线。

第三个步骤：调节流量

在调节流量环节会设置 A、B 两个版本各 50% 的访客量，这里的 50% 是一个相对的概念。接着用原有的总流量的 10% 进行测试，再把这 10% 一分为二，分配给 A、B 两个版本。

第四个步骤：得出结果

沉淀一段时间后，再来看看转化率及点击率与原始版本相比有没有提升。沉淀时间一般是两周，两周的时间足够包括用户使用产品的周期。同时，在这个时间段内，用户的行为就会产生一定的模式。

7.3.3　抓住 A/B 测试的特性

A/B 测试具有三个主要特性：(1) 先验性；(2) 并行性；(3) 科学性。企业只要抓住了这三个特性，就能利用 A/B 测试做好产品优化工作，并避免以下三个问题，如图 7-10 所示。

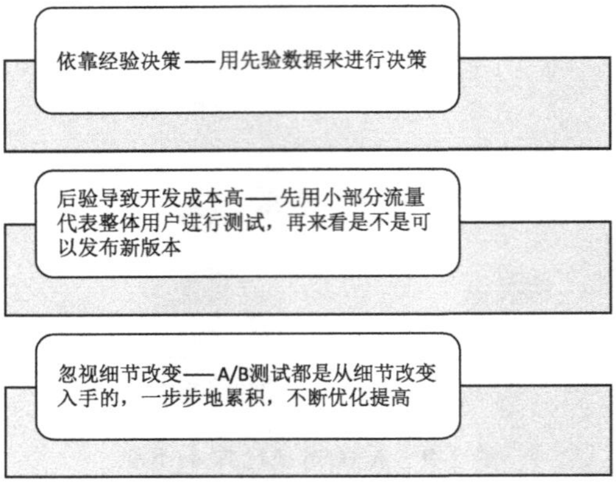

图 7-10　A/B 测试可以帮助产品运营部门避免的三个问题

案例

在线教育课程推荐方法 A/B 测试

某教育软件准备推出一项在线教育课程推荐功能，为了得到最好的效果，对这项功能进行了 A/B 测试。其产品部门准备了两个版本的测试，版本 1 是原始的设计方法，比较传统，就是把课程按照门类划分，分成三个大类。但是产品经理发现方案 1 的转化率和点击率非常低，因此对手上的数据进行了分析研究，并进行了用户调研。

通过分析调研，他们发现工作以后的培训人群最关注的是在工作中的竞争力，心理表现是不能落后于他人。该产品部门需要知道大部分人在学什么、哪些课程最流行。根据这种假设，该产品经理设计了第二种方案，就是按火热程度对课程进行排序。经过数据分析，该产品经理又得出了一个方案，然后用 A/B 测试来验证这个假设是不是正确。测试后，看到该方案最终的转化率提高了近 41%，完全符合受众预期。所以这个方案是可行的，比传统设计更能提升转化率。

1．先验性

先验性是指先让部分小流量的代表性用户使用产品，再根据他们的反馈数据决定产品是否要正式对外发布。先验性的优势在于：只需少量样本数据就能够获得代表全部样本的确定性结果。在产品发布前进行先验性测试，不仅可以减少产品损失，也可以减少企业的测试成本。

2．并行性

并行性指的是可以把两个或者 N 个方案同时上线，同时对比每个方案的优劣，如此就能有效避免测试流程复杂、周期长的难题，为企业节省验证时间。

3．科学性

科学性可以分为两部分：一是流量的科学分配，指的是用部分小流量用户来代表整体用户；二是统计的科学性，指的是在统计测试结果时，用统计指标来判断这个结果是否具备可行性。

7.3.4 A/B 测试优化与应用场景

A/B 测试优化与应用场景的关系包括三个层面的内容，分别是元素 / 控件层面、功能层面和产品层面。

案例

墨迹天气：元素 / 控件层面的 A/B 测试结果

为了增加用户在客户端使用分享按钮的次数，提高分享按钮的转化率，墨迹天气的产品团队设计了三种方案，看哪种方案的效果最好。

通过 A/B 测试，墨迹天气获得了数据反馈（见表 7-1）：从分享率增减幅来看，版本 2 增加量最高，而版本 1 与版本 3 都有一定幅度的提升。从这个数据指标来看，能确定版本 2 是最好的。不过，此时却忽略了数据的科学性，所以还需要置信区间的数据参考，它代表了这个结果是不是显著的。版本 1 和版本 3 的置信区间是从负区间到正区间，情况不显著，也就是说这个结果并不确定；而版本 3 的置信区间的结果非常优秀，意味着统计结果是十分显著的。通过 A/B 测试与查看置信区间，墨迹天气选择了版本 2 进行发布。

表7-1 A/B测试数据反馈表

编　　号	活跃用户数（人）	分享率增减幅	95%置信区间
原版本	90 755		
版本1	89 913	近5%	−1.0%,+10.4%
版本2	90 462	近20%	+11.9%,+23.6%
版本3	89 886	近3%	−3.1%,+8.3%

1．元素 / 控件层面

元素 / 控件层面其实很好理解，假设要对一个按钮的颜色对于点击率和转化率有无提升作用进行测试。按钮的原始颜色是红色，后改为绿色或者灰色，然后再看点击率和转化率有没有提升。按 A/B 测试的流程将之分为 A、B、C 三组，科学分配三组的流量。经过一段时间，就能得知哪种颜色对于点击率和转化率的提升效果最好。

2．功能层面

我们可以通过一个产品价格的测试来理解功能层面的测试意义。比如，某些网站主页会展示折扣率或直接展示折扣的价格，那么这两种展示方式哪种更能刺激用户的购买欲呢？男性用户可能更关注折扣后的价格而不关注折扣率，女性用户则更关注折扣率。再比如，500 元的产品，是设置 498 元还是 499 元呢？哪种会让用户产生价格较低，没有超过 500 元，物超所值的感觉呢？这同样需要进行 A/B 测试。

3．产品层面

产品层面和灰度发布有很大的联系，灰度发布可以减少线上事故 /Bug 影响，比如 iOS 的发布。iOS APP 在开发测试完成后，就要发布到应用商店中，而其需要经过 7 天的审核期才能上架。如果上线之后，用户安装了一个有 Bug 的版本，那么用户体验自然就不好，因而需要修改然后重新发布，而这又需要经历一周的审核期，用户需要持续使用有 Bug 的版本一周，这也就代表了有 Bug 的产品给企业带来的负面影响仍会持续加大。

通过 A/B 测试，可以提前发现产品的 Bug，然后一键关闭存在 Bug 的新版本，并且退回原先的版本。这对于大部分用户来说是无害的。这样一来，开发人员就有了充分的时间进行 Bug 修复，在完成 Bug 修复之后，再重新提交，将对用户体验的负面影响降到最低。

7.3.5　高效 A/B 测试 7 条黑客经验

进行高效 A/B 测试的方法有很多，每个运营团队都有属于自己的测试方式，但总的来说，主要包括以下 7 条（见图 7-11）。

图 7-11　高效 A/B 测试 7 条黑客经验

1．小改动大效果

在产品优化中，某些微小的改动就可能对 KPI 产生巨大的影响。

2．耐心测试

并不是所有优化都能大幅度提高 KPI，每次的优化效果也是不一致的，但是如果日积月累，就会有相当大的提升。这就是为什么有些软件一个月就更新一个版本，甚至一个星期更新一次。

3．TWYMAN 法则

运营部门在进行 A/B 测试之前一定要先做出假设，测试后也要有因果判断，需要知道为什么会得到这样的结果。如果得不出结论，就有可能是数据统计错了，此时就应该再次进行测试。如果排除了数据统计错误，就有可能是其他地方出现了错误，要将之记录下来，避免以后重复犯错。

4．根据自己的产品特性做测试

运营部门在测试时可以参考他人的经验，但是完全复制他人经验往往得不到什么有用的信息，因为每款产品都有自己的特性。

5．速度很关键

任何能加速用户响应时间的改动都能提升 KPI。比如打开页面速度提升 1s，就有可能让用户少流失 10%；而多加 1s，就有可能多流失 10% 的用户。

6．关注产品质量

一定要关注业务的核心数据与指标。提高点击率很简单，但是要降低流失率却不是一件容易的事。所以不能把所有的精力都放在提高某个页面的点击率上，要关注产品整体的质量，才能有效降低流失率。

7．快速轻量迭代

尽量多做小改动的小实验，通过日积月累，才会有大的突破。大实验时间长、成本高，用户很难有耐心等待这样的版本发布。

7.4 利用数据优化产品运营

数据作为一种度量方式，能够真实地反映产品运营的情况，帮助运营部门进一步了解产品、用户和渠道，在充分了解的基础上优化运营策略。用数据分析的结果来驱动运营方式，不同的运营方式需要运营人员有着不一样的数据敏感性和逻辑能力。

7.4.1 活动运营的数据分析优化

活动运营作为运营的通用手段，经常会出现“不知道如何预估活动效果”的问题。要避免产生这样的疑问，在活动开始前就要确定一个重点提升的核心数据。这个核心数据包含新用户注册、用户活跃度、用户付费转化、产品交易额、品牌知名度等。

1. 非产品交易的互动型活动

互动型活动关注的主要数据是活动产生的用户互动量与产品核心数据提升，以互动量为分析对象，进一步研究新老用户的比例。得出的结果可以帮助运营部门了解各种互动型活动对新老用户的差异在哪里，并根据差异性对活动做进一步优化。

比如美拍举办了一次互动型活动，得出新老用户数据（见图 7-12），从中可以得知美拍此次的优化活动在活动页面和阅读内容方面对新老用户的影响差异不大，差异较大的是用户点赞和用户分享。根据这些数据，美拍下一次的互动型活动就会根据新用户的需求做出更容易让他们分享的内容。

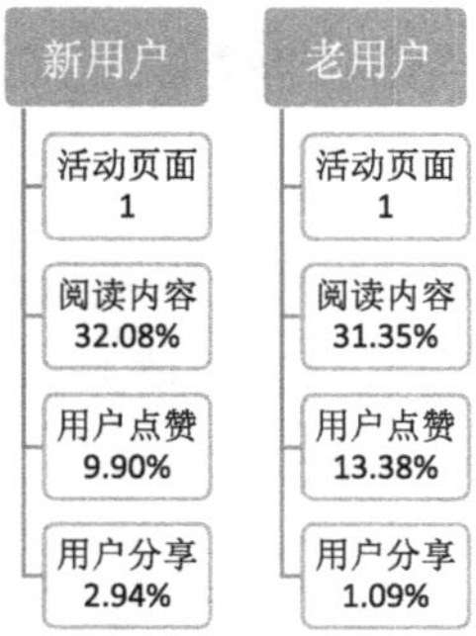

图 7-12 美拍互动型活动得出的新老用户数据

2．产品交易的促销活动

此类活动主要关注以下几个方面：

（1）促销页面各关键节点的点击情况与各自的转化率是否比日常非活动的状态下有所提升。

（2）活动页面产品的点击次数 / 进入产品的流量的比例。

（3）浏览 / 放入购物车 / 下单的转化率。

（4）优惠券核销量 / 优惠券发放量。

（5）活动为平台带来的总交易额。

比如腾讯视频会员类增值服务的销售，除了要分析活动带来的总交易额，还要分析各层级用户的付费情况：老付费用户的购买量与购买的会员效期长度的分布情况、新增付费用户的人数、购买的会员月数分布、流失用户召回比率、体验会员的付费转化比例。

7.4.2 内容运营的数据分析优化

对于内容运营人员来说，其最关心的就是内容展示情况。以公众号的内容为例，其包含内容的更新量、曝光量、点击量、停留时长、转发、收藏、点赞、评论及内容浏览路径“曝光—点击—阅读—分享”的各项转化率。

对于针对性提升某项产品指标的内容运营来说，其最重要的关注点就是内容对该指标的推动作用。比如，如果要通过内容召回流失的用户，那么内容运营需要重点关注的是内容送达人数和静默用户登录产品的比例。

现在有很多电商网站都在通过内容来引导销售，那么电商网站的内容运营除了需要关注基础的图文阅读量，还要重点关注内容里产品链接的点击量、产品浏览次数和订单量三个方面。

7.4.3 渠道运营的数据分析优化

广告渠道的投放是产品获取用户的主要途径，运营人员可通过下载量和激活量真实了解渠道获取用户的能力。渠道运营需要对“渠道点击—下载—激活—注册—更深的行为”用户获取链条上每个环节的转化率进行主动分析，然后对每个环节的转化效果进行优化处理，从而进一步降低每个用户的获取成本。

当产品新版本发布出现明显的数据波动时，就不能单纯地用渠道用户获取路径的数据来看待产品出现的问题，而要把不同维度的数据进行对比，例如与历史数据进行对比、与同一时间点的同类 APP 进行对比，这样才能找到渠道转化率数据变化的根本原因。

例如，陌陌在发布新版本后，发现了与发版前相比日活跃用户比例急剧下降的情况。为了找出原因并优化新版本，陌陌对此做了以下分析：

DAU 分成新用户和老用户，陌陌的运营部门得出了一组数据（见表 7-2），研究近期使用新版本的老用户留存情况，以此来查看是否是产品问题导致的老用户流失；再观察各渠道用户留存率的情况，看是产品出现了问题还是渠道推广出现了问题。

表7-2　陌陌新旧版本用户留存数据

	范　围	7日留存率	1月留存率	3月留存率
发版前	整体	40%	20%	10%
发版后	整体	33%	17%	7%
发版前	老用户（新版）	38%	19%	11%
发版后	渠道A	30%	14%	5%

8

产品运营有周期，不同阶段不同方案

8.1　产品运营：种子期

8.2　产品运营：爆发期

8.3　产品运营：平台期

产品运营也是有周期性的，把运营的三个时期进行总结，可以分为种子期、爆发期和平台期。产品在不同的周期，其运营方案也是不同的。

8.1 产品运营：种子期

产品运营种子期是指新产品上线后第一批用户形成的阶段，这个阶段的用户也被称为种子用户。在这个阶段，产品需要迅速从理论变成实际，从用户痛点和商业目标出发，迅速将产品上线并测试，然后寻求种子用户进行快速验证。

在种子期，用户对产品还不了解，产品也处于探索阶段，市场前景不明朗。因此，运营部门需要考虑的是“我们的产品能否解决用户的痛点”和“我们产品的用户体验到底如何”的问题。

8.1.1 种子期的运营重点：MVP

在种子期，产品运营需要注意的是 MVP（最小化可行产品）。为什么说种子期的运营指标是 MVP？这和种子期的用户特点有很大的关系。种子期的用户对产品需求和核心功能是最敏感的，也是最愿意尝试使用新产品并传播的。

1．产品简单，核心功能明确，主流程可以打通

在进行新产品第一个版本设计时，处在种子期的产品一定要做 MVP，不用担心功能太少而让用户不喜欢。只要产品的核心功能明确，主流程可以打通，就不是问题。

比如微信在 2011 年 1 月 21 日发布的 1.0 版本，其功能就非常简单，只有导入 QQ 好友、文字和图片聊天、更换头像这三个功能（见图 8-1）。陌陌在 2011 年 8 月上线的 iOS 版本也是如此，核心功能就是找到附近的用户聊天，而且就这样一个功能。

只要有核心功能就能上线，之后再不断地上线新功能。这样做的目的就是为了快速抢占市场，获取该领域的第一批用户，然后通过更新去满足用户各种各样的需求。

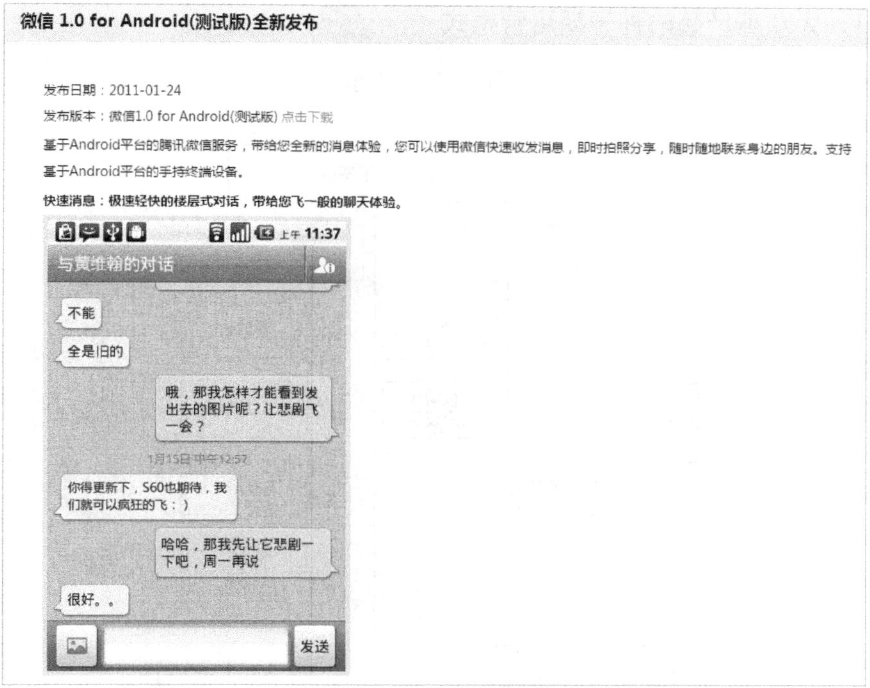

图 8-1　微信 1.0 版本

2. 用户要小而聚焦

处在种子期的产品要简单、核心功能明确，因而针对的用户就不能广泛，因为处在种子期的产品的功能满足不了他们，将目标用户范围定得太广，反而会失去先机。针对种子期用户的运营要秉持“小而聚焦”的原则，越小越好，能缩小就缩小。

这种类型的用户可以定义为粉丝用户群，即对产品最有需要的、对核心功能最敏感的用户群。当运营部门把种子期用户群定义变小之后，自然而然就能找到这类用户群，然后就能掌握获取这类用户群的运营方法。

8.1.2　种子期的运营模式

产品在种子期的运营，不同的产品类型有不同的模式。企业可以根据自己的产品类型建立模式。纵观市场上的产品，一般可以分为大众型产品与垂直型产品。而在种子期，产品运营模式是以口碑建立为核心。

1. 大众型产品的种子期运营模式

大众型产品的种子期运营模式如图 8-2 所示。

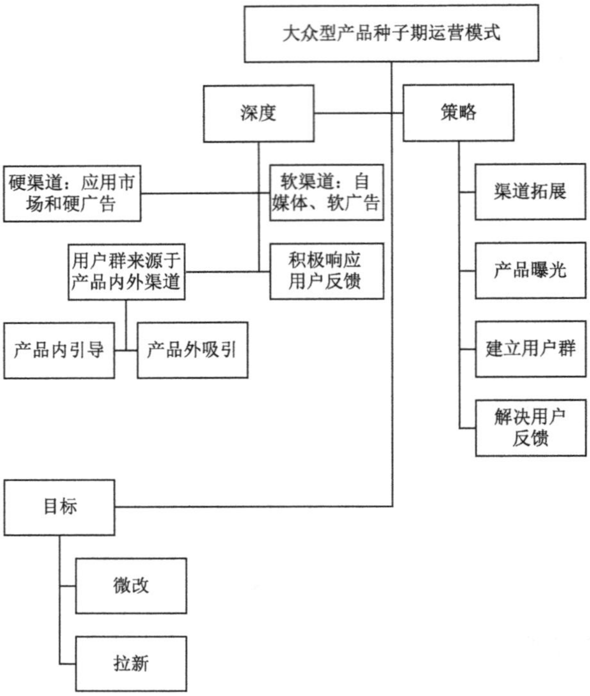

图 8-2　大众型产品种子期运营模式

目标：方向一般没有大的问题，进行微改即可，因为这个阶段的首要目标是拉新。

运营策略：初期的拉新要做的是渠道拓展、产品曝光、建立用户群、解决用户反馈。

深度：产品曝光是建立在渠道之上的。硬渠道如各大应用市场和硬广告；软渠道是指自媒体和软广告。其中最优质的下载渠道是应用市场和硬广告，最优质的用户渠道是自媒体和软广告。用户群建立的来源主要是产品内渠道和产品外渠道，产品内渠道负责引导，产品外渠道负责吸引。这一阶段的产品要积极响应用户，特别是用户反馈信息。

2．垂直型产品的种子期运营模式

垂直型产品的种子期运营模式如图 8-3 所示。

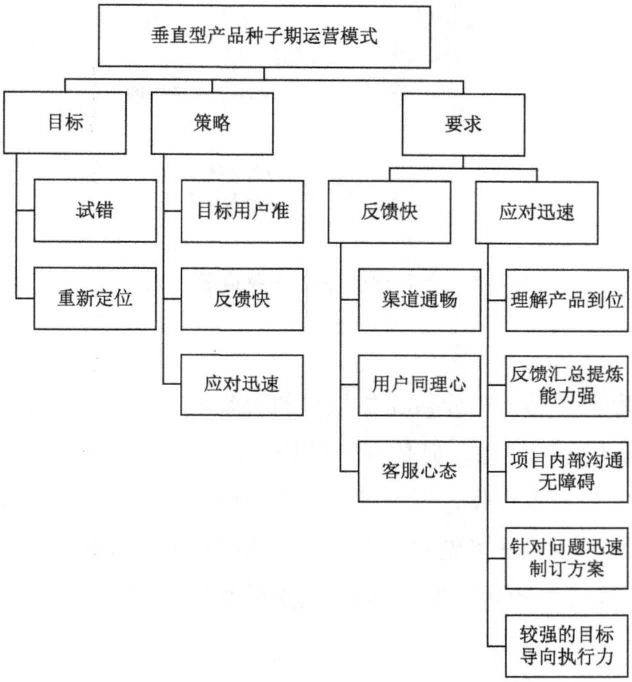

图 8-3　垂直型产品种子期运营模式

目标：产品与用户需求匹配度处于未知状态，因此，这一阶段的首要目标是试错与重新定位。

运营策略：目标用户准、反馈快、应对迅速。

要求：反馈快包括三个方面，即用户反馈渠道的顺畅度、较高的用户同理心、客服心态；应对迅速要求运营人员理解产品到位、反馈汇总提炼能力强、项目内部沟通无障碍、应对小组能够针对问题迅速制订方案、有较强的目标导向执行力。

8.1.3　种子期的三种运营方式

每个产品运营阶段都有针对性的运营方式，种子期的运营方式有三种，分别是事件法、地推法和传染法（见图 8-4）。

图 8-4　产品种子期的三种运营方式

1．事件法

事件法是内容型产品的最爱，比如最早的视频网站六间房。陈凯歌导演的电影《无极》，票房不是很理想。但是有一位普通网民胡戈，编制了一部名为《一个馒头引发的血案》的短视频，引发了全互联网网民的追捧。六间房把这部视频上传到自己的网站上，引发了庞大的点击量，不仅电影《无极》重新获得用户的关注，六间房也迅速成为知名网站，在内容引爆的事件内进行种子用户的获取（见图 8-5）。

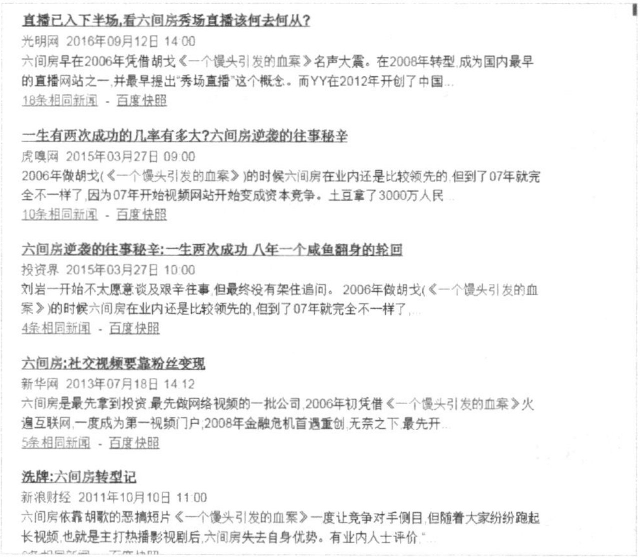

直播已入下半场,看六间房秀场直播该何去何从?
光明网 2016年09月12日 14:00
六间房早在2006年凭借胡戈《一个馒头引发的血案》名声大震。在2008年转型,成为国内最早的直播网站之一,并最早提出"秀场直播"这个概念。而YY在2012年开创了中国...
18条相同新闻 - 百度快照

一生有两次成功的几率有多大?六间房逆袭的往事秘辛
虎嗅网 2015年03月27日 09:00
2006年做胡戈(《一个馒头引发的血案》)的时候六间房在业内还是比较领先的,但到了07年就完全不一样了,因为07年开始视频网站开始变成资本竞争。土豆拿了3000万人民...
10条相同新闻 - 百度快照

六间房逆袭的往事秘辛:一生两次成功 八年一个咸鱼翻身的轮回
投资界 2015年03月27日 10:00
刘岩一开始不太愿意谈及艰辛往事,但最终没有架住追问。 2006年做胡戈(《一个馒头引发的血案》)的时候六间房在业内还是比较领先的,但到了07年就完全不一样了,...
4条相同新闻 - 百度快照

六间房:社交视频要靠粉丝变现
新华网 2013年07月18日 14:12
六间房是最先拿到投资,最先做网络视频的一批公司,2006年初凭借《一个馒头引发的血案》火遍互联网,一度成为第一视频门户,2008年金融危机首遇重创,无奈之下,最先开...
5条相同新闻 - 百度快照

洗牌:六间房转型记
新浪财经 2011年10月10日 11:00
六间房依靠胡歌的恶搞短片《一个馒头引发的血案》一度让竞争对手侧目,但随着大家纷纷跑起长视频,也就是主打热播影视剧后,六间房失去自身优势。有业内人士评价"...

图 8-5　六间房事件法营销至今仍在报道

2．地推法

地推就是地面推广，也可以称为地毯式推广。地推是与网络传媒相对的概念，空中传媒和网络传媒一定是和地推相辅相成的。线上流量被几大产品巨头所掌控，流量高价而且质量低下。不是所有的新产品都有大量的资金支持线上买流量，所以线下地推的推广模式越来越受到重视。

滴滴刚推出的时候，种子用户的获取非常困难。那么，它的第一批用户是如何获取的呢？是其创始团队到街上和用户挨个讲解，并给安装和注册的用户发放奖品。

3．传染法

传染法就是进行熟人传播，比较典型的是开心网。开心网刚成立时，通过邀请机制，在同事关系链中进行信息传播。还有一个典型案例就是微信，微信的第一批用户获取主要是通过 QQ 好友关系链进行传播的。

8.2 产品运营：爆发期

产品运营爆发期就是产品的用户快速增加阶段。在这个阶段，产品运营的原则是如何延长这个阶段，所以这时候就要考虑如何让产品的体验更好，如何更快地获取大量目标用户，如何提升用户的黏度、日活和月活。

8.2.1 爆发期的运营重点：更新迭代

天下武功，唯快不破。道理每个产品运营人员都懂，但是实际做到的人并不多，甚至往往把简单的事情复杂化。前文就说过，在种子期，产品只要维持核心功能即可。到了爆发期，就要围绕产品的核心功能不断改进。

1．围绕核心功能进行快速更新迭代

爆发期产品的快速更新迭代指的是围绕产品的核心功能进行更新迭代，而不是不断地开发一个和产品核心功能无关的新功能。一定要注意，在爆发期一定不能淡化核心功能而加强其他功能来迎合用户的需求；否则，很可能就会丧失产品最初定位时所确定的核心功能。试想一下，如果微信的核心功能不是即时功能，那么还有多少用户会继续使用呢？

除此之外就是快速，前文就提过，天下武功，唯快不破。互联网世界更新变化的速度太快，如果速度不够快，很快就会被淘汰。

微信于 2011 年 1 月 21 日上线 1.0 版本，到 4 月份就获得了从 0 到 500 万用户的增长，完成了种子期的发展。从 2011 年 6 月到 2012 年上半年，产品进入爆发期，用户从百万级步入亿级，明显跨入了数量级的发展。通过观察这个阶段微信版本更新的情况，就会发现，不到一年的时间，微信进行了 15 次版本升级，前半年每个月升级一次，后半年每半个月升级一次。微信在产品爆发期的迭代速度非常快（见图 8-6）。

Android平台

- 微信 6.3.27 for Android 全新发布 2016-09-27
- 微信 6.3.25 for Android 全新发布 2016-08-24
- 微信 6.3.23 for Android 全新发布 2016-08-10
- 微信 6.3.22 for Android 全新发布 2016-06-29
- 微信 6.3.18 for Android 全新发布 2016-05-25
- 微信 6.3.16 for Android 全新发布 2016-04-19
- 微信 6.3.15 for Android 全新发布 2016-03-15
- 微信 6.3.13 for Android 全新发布 2016-02-01
- 微信 6.3.11 for Android 全新发布 2016-01-26
- 微信 6.3.9 for Android 全新发布 2016-01-12
- 微信 6.3.8 for Android 全新发布 2015-12-08
- 微信 6.3.7 for Android 全新发布 2015-11-09
- 微信 6.3.5 for Android 全新发布 2015-10-19
- 微信 6.2.5 for Android 全新发布 2015-08-28
- 微信 6.2.4 for Android 全新发布 2015-07-29
- 微信 6.2.2 for Android 全新发布 2015-06-26
- 微信 6.2 for Android 全新发布 2015-05-26
- 微信 6.1 for Android 全新发布 2015-01-20
- 微信 6.0.2 for Android 全新发布 2014-12-24
- 微信 6.0 for Android 全新发布 2014-10-14
- 微信 5.4 for Android 全新发布 2014-08-28
- 微信 5.3.1 for Android 全新发布 2014-06-27
- 微信 5.3 for Android 全新发布 2014-05-16
- 微信 5.2.1 for Android 全新发布 2014-03-24
- 微信 5.2 for Android 全新发布 2014-01-26

图 8-6　微信部分更新日志

我们还可以发现，微信在这个阶段所有的功能更新都是围绕核心功能——聊天来进行的，如语音、表情、视频、短视频、照片等。

2．从种子用户向目标用户发展

爆发期的用户有三个特征：一是对产品有明确的需求，是目标用户；二是种子用户身边的用户，可以以种子用户为中心点做深、做广，吸引更多目标用户加入；三是因产品口碑效应带动的用户。

这个阶段用户的明显特征就是增长速度加快，新用户的来源一种是种子用户身边的用户，种子用户则继续向目标用户发展；另一种就是种子用户向不同种类的目标用户发展。

8.2.2 爆发期的运营模式

产品爆发期的运营模式如图 8-7 所示。

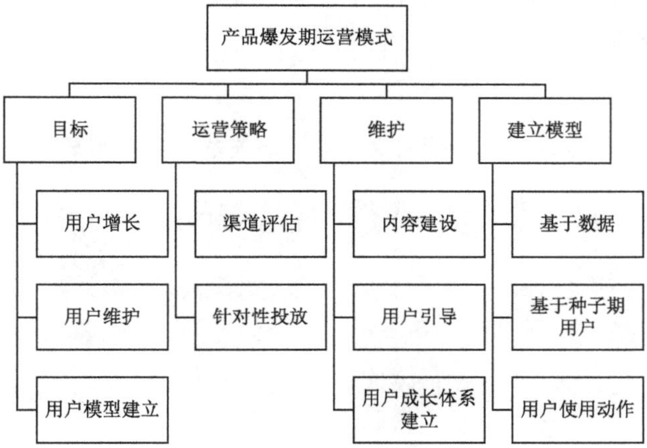

图 8-7　产品爆发期运营模式

目标：前文有述，产品经历种子期就通过了市场的检验，已经具备了合适的方向和模式。因此，这个阶段的运营目标就是用户增长和维护，同时建立用户模型。

运营策略：增长是针对渠道进行的，有了种子期的经验，运营部门就可以评估渠道质量的好坏，赋予相应权重，根据调查数据进行适当的调整。

维护：很多产品在这个阶段过分注重“增长至上”的流量论，而忽略了产品的维护。用户流量漏斗模型是分析用户生命周期的重要手段，任何节点转化率的提高都能给产品带来收益。但要注意，漏斗模型的节点控制需贯穿整个用户生命周期，即从用户下载产品开始就需要建立漏斗模型的节点控制。

提高用户节点转化率与维护有着不可分割的联系。这个阶段的维护主要是在种子期建立的用户群的基础上进行的深度维系，运营部门要把重心放在产品内维护上。产品内维护包括内容建设、用户引导、用户成长体系建立等。

建立模型：运营部门在所拥有的数据上，针对种子期设立的用户画像，建立用户模型。用户画像 + 用户使用动作，根据动作的不同将用户进行分层，确定核心用户、一般用户和无价值用户。

8.2.3 爆发期的四种运营方式

产品到了爆发期，其运营方式就不能和种子期相似，必然是有所改变的。而这些运营方式针对的目标是核心用户。产品爆发期的运营方式总的来说可以归结为 4 点（见图 8-8）。

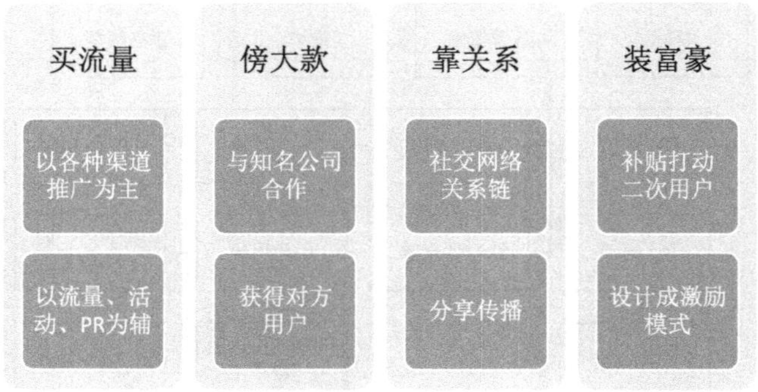

图 8-8 产品爆发期的四种运营方式

方式一：买流量

为什么要买流量？因为到了爆发期，已经验证了产品的留存能力，也证明了产品有着极强的快速增长能力。此时，企业就可以大胆投入大量的资金去购买流量，提高爆发期的用户增长速度。运营团队在使用这种方法时，可以通过各种渠道扩大用户入口，同时配合流量推广、活动推广、PR 等方式。

方式二：傍大款

运营团队可以与一些知名度较高的公司合作，通过这种“傍大款”的方式迅速导流，扩大核心用户群。我们经常可以看到，现在很多产品发展到爆发期就被大型互联网公司收购了。为什么要这么做？其实这是一种双赢的做法。互联网公司在较早的时候来投资产品，产品就可以获得这些互联网公司的流量，实现快速发展，迅速成长为行业里的领头羊。就像当初的滴滴和快的，在获得腾讯和阿里巴巴的投资后，不管是用户还是资金，都迅速发展起来。

方式三：靠关系

运营团队要把社交效应发挥到最大化，可依靠关系链进行传播。像一直播、秒拍、小咖秀这些很火的网络产品都是在社交网络上进行传播的，因为社交网络里自带关系链的特点也可让互联网产品在最短的时间内获得最大的推广效果。

比如现在很火的滴滴打车就有强推分享功能。用户在打完车之后，就会弹出文本框询问用户要不要分享，分享后才能获得优惠券。这样做的目的就是希望滴滴的优惠券能够通过用户的关系链迅速传播出去（见图 8-9）。

图 8-9　滴滴优惠券分享机制

方式四：装富豪

在资金充裕的情况下，可以通过补贴的方式快速拉动第二批用户，但前提是要先验证核心功能和需求，验证之后才能进行补贴。因为如果产品体验不够好，那么补贴再多的钱用户也不会使用。在使用这种方式时，需要注意不要直接减价和免单，要设计成激励模式，促使用户活跃。

用补贴的方式拉动第二批用户，最典型的就是 2013 年和 2014 年滴滴与快的补贴大战。腾讯和阿里巴巴都想争夺出行这个大市场，因而引发了一场记录在商业历史中的烧钱大战，这种快速补贴的方式确实让滴滴和快的呈现爆发式的用户增长（见图 8-10）。

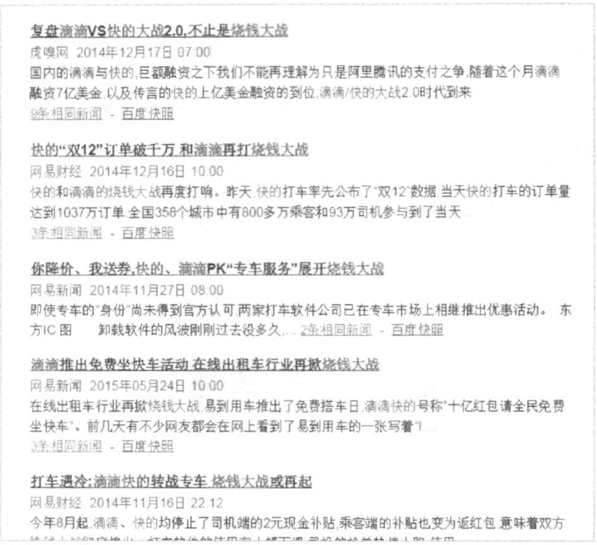
复盘滴滴VS快的大战2.0,不止是烧钱大战
虎嗅网 2014年12月17日 07:00
国内的滴滴与快的,巨额融资之下我们不能再理解为只是阿里腾讯的支付之争,随着这个月滴滴融资7亿美金,以及传言的快的上亿美金融资的到位,滴滴/快的大战2.0时代到来
9条相同新闻 - 百度快照

快的"双12"订单破千万 和滴滴再打烧钱大战
网易财经 2014年12月16日 10:00
快的和滴滴的烧钱大战再度打响。昨天,快的打车率先公布了"双12"数据,当天快的打车的订单量达到1037万订单,全国358个城市中有800多万乘客和93万司机参与到了当天...
3条相同新闻 - 百度快照

你降价、我送券,快的、滴滴PK"专车服务"展开烧钱大战
网易新闻 2014年11月27日 08:00
即使专车的"身份"尚未得到官方认可,两家打车软件公司已在专车市场上相继推出优惠活动。 东方IC 图 卸载软件的风波刚刚过去没多久,... 2条相同新闻 - 百度快照

滴滴推出免费坐快车活动 在线出租车行业再掀烧钱大战
网易新闻 2015年05月24日 10:00
在线出租车行业再掀烧钱大战,易到用车推出了免费搭车日,滴滴快的号称"十亿红包请全民免费坐快车"。前几天有不少网友都会在网上看到了易到用车的一张写着"I ...
3条相同新闻 - 百度快照

打车遇冷:滴滴快的转战专车 烧钱大战或再起
网易财经 2014年11月16日 22:12
今年8月起,滴滴、快的均停止了司机端的2元现金补贴,乘客端的补贴也变为返红包,意味着双方

图 8-10 滴滴和快的的烧钱大战

8.3 产品运营：平台期

运营部门发现用户的增速放缓、遇到瓶颈，或者产品增长的势头一直非常迅猛，运营部门希望有意识地降低产品的增长速度来调整产品的节奏，产品的发展就进入了平台期。

8.3.1 平台期的运营重点：更新修复

当用户积累到一定阶段后，产品的核心功能已经深入人心，那么此时的产品就进入了成熟期，也就是平台期，就像 QQ 和微信一样。

1．开发新功能，持续更新，修复 Bug

当产品进入平台期后，公司就要在保持核心功能不变的基础上开发新功能。就像 QQ 和微信一样，腾讯保持两项产品的核心功能不变，开发出很多新功能，用户对这些新功能的接受度也很高。例如微信的腾讯公益、微粒贷借钱、生活缴费等（见图 8-11）；QQ 的 QQ 游戏、QQ 秀、腾讯新闻、腾讯视频等。不过此时运营部门要注意，产品越是增加新功能，那么出现的问题肯定也就越多。要保持产品的持续更新，不断修复产品中的 Bug，保持高用户体验。

图 8-11　微信增加的各种新功能

2．控制用户增长的节奏

产品的平台期又可分为三个阶段：第一个阶段为成长的平台期，这个时期市场基本饱和，用户增速放缓，产品利润率下降，但下载量仍呈增长趋势，这时还有少数后续的用户使用或购买产品；第二个阶段为稳定的平台期，这个时期市场呈饱和状态，基本上没有新的用户加入，用户增长率停滞甚至有所下降，利润率在高水平上稳定下来；第三个阶段为衰退的平台期，这个时期虽然用户量依然很高，但利润率已经显著下降，原有用户已经转向其他的替代品。

产品在平台期的共同特征就是用户增速放缓、流失率增高。那么，此时运营部门要做的就是控制用户增长的节奏，在市场饱和的情况下使之稳定下来，提高用户的黏性，降低流失率。

8.3.2 平台期的运营模式

产品平台期的运营模式如图 8-12 所示。

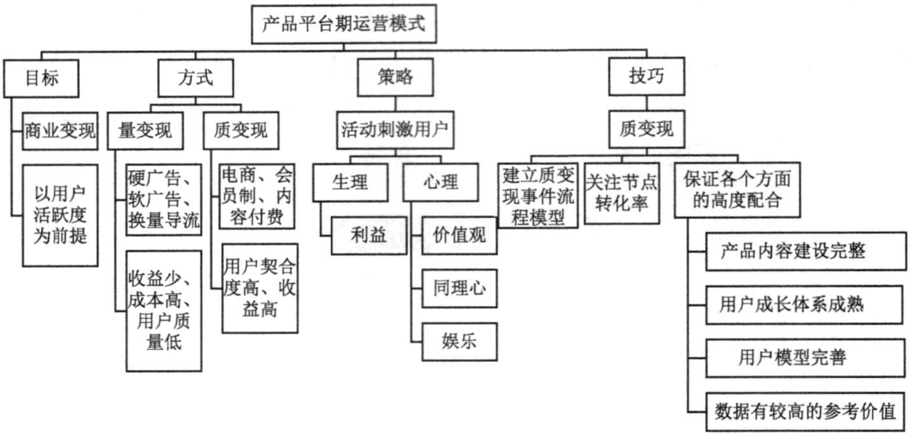

图 8-12 产品平台期运营模式

目标：实现产品的商业变现，而变现的前提是保持用户的活跃。

方式：变现对于产品来说是一个非常复杂的问题，从当前的模式来看，变现可以分为量变现与质变现。量变现主要包括硬广、软广、换量导流，其特点是收益少、成本高，因为会降低用户体验，而且换流的质量也不高。质变现则建立在量变现的基础上，主要为电商、会员制、内容付费等，来源于优质用户，其特点是用户契合度很高、收益高，还能提高用户体验。

策略：变现的前提条件是活跃，可以通过活动来刺激用户，需注意要有方向性地开展活动。一般来说，活动都是从生理和心理两个方面来刺激用户的。生理指的是利益，心理指的是价值观、同理心、娱乐。

技巧：变现的问题非常复杂，如果已经有了明确的变现方式，就要寻找合适的方法来变现。量变现是粗暴的，无须引导（软广需要基于用户分析，建立用户群体便签模型，投放在适当的场景，如果能结合时机更好），因此我们只分析质变现。质变现首先需要建立质变现事件流程模型，然后关注节点转化率。在这个阶段要保证产品内容建设的完整性，用户成长体系较为成熟，用户模型完善，数据有较高的参考价值。

8.3.3 平台期的三种运营方式

产品平台期的运营重点有两个方面：一是控制用户增长，维持好老用户；二是保持产品的稳定性，提高用户体验。那么，要实现这个目标，运营部门可按照以下三种方式进行（见图 8-13）。

图 8-13 产品平台期的三种运营方式

1. 办活动

当产品进入平台期后，运营部门可以通过活动激发用户的活跃性。前文有述，平台期是实现商业变现的阶段，要实现商业变现就要保持用户的活跃。这一点搜狐做得特别好。搜狐在做搜狐社区时，经常举办线下活动，如各大论坛的足球赛，能够很好地让论坛的相关用户互动活跃起来。

2. 用户等级

在平台期，运营部门可以通过用户等级拉动用户的活跃度。例如，搜狐社区为了提升用户活跃度举办了不少活动，但最有效的就是推出了游戏性产品积分押宝，用户通过积分押宝的形式可以获得礼物。

3. 延伸功能

这就涉及核心功能之外的延伸功能，新功能往往能激发用户的好奇心，让用户活跃起来。例如，微信在 2012 年推出朋友圈，朋友圈是微信的第二个核心功能，对用户在微信的停留时间及活跃度起到了极大的提升作用。事实证明也是如此，不少用户评论说自己睡觉前的最后一件事是刷朋友圈，醒来的第一件事还是刷朋友圈。

9

团队组建是前提，人人都是运营精英

有人说过："世界上最好的团队是唐僧团队。"每家企业都有适合自己的团队风格，产品运营也是如此。要把产品运营好，前提就是企业要拥有一个擅长运营产品的精英团队。在这个团队中，每个成员都是该领域的好手，每个成员都能对产品运营贡献自己的一份力量。

9.1 确定运营团队的目标

做任何事情都是有目标的，组建一个运营团队也是如此。组建运营团队的目标是什么？就是为了打造一款寡头产品。在大多数企业中，设立一个清晰的团队目标有利于工作的开展以及工作效率的提高。因此，在团队建设中有人做过调查，问团队成员最需要领导做什么，80% 的人都希望有一个清晰明确的目标，从中可以看出目标在团队建设中的重要性。

1．清晰明确的目标对运营团队的重要性

（1）团队目标确定的前提是清晰的产品运营方向。

没有人愿意在一个没有发展目标的团队中工作。在一个团队中会因为工作需要分为若干个部分，但工作团队的目标一定首先依据的是产品大的发展方向而设定的。团队目标是团队观念形态的文化，具有对运营团队的全部运营活动和各种文化行为的导向作用。每个团队为了自己存在的目的与所要达成的任务，都会制定相应的目标，确定团队的使命与宗旨，激发团队成员动力，集中意志向目标前进。

确定团队目标必须从总体上体现产品的运营发展战略。有一定的竞争性与超前性，注意考虑到团队目标的复杂性、动态性、现实性，要按照客观规律办事，争取团队目标最佳化。

有了清晰的团队方向，接下来，运营团队就可以形成不同的环节链，准备为实现团队目标的一部分开展计划性的工作。此时，团队目标如果能与员工自己的职业方向紧密结合，则对于团队协作以及工作的进一步开展能起到非常大的推动作用。

（2）团队目标确定的标志是团队成员达成共识。

通常情况下，大多数管理者在进行团队建设时，都会认为为团队确定目标是很简单的事情。其实这是错误的思维方式，要把团队目标灌输于团队成员并获得

共识——责任共担的团队目标。要形成团队的共享目标，应该从以下几个方面入手，如图9-1所示。

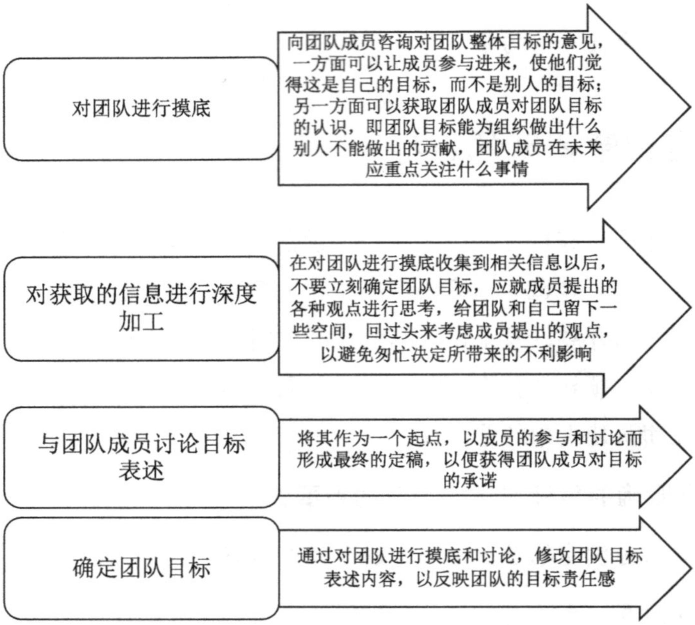

图9-1 形成团队目标的过程

2．制定科学的团队目标的方法

（1）列出符合SMART法则的目标。在制定团队目标时，必须严格遵守SMART法则。在实际运用中，可以参照图9-2来制定团队目标。

图9-2 SMART法则实际运用

（2）列出上述目标所带来的好处。每个月接到团队下达的目标，都要按图9-2填好内容，并告诉团队成员以下两点：①目标一旦实现，将会给团队带来哪些好处；②目标一旦实现，将会给团队成员带来哪些好处。这样做可以促使团队成员从组织、团队及个人的角度全方面思考、看待团队目标，从而提升成员的积极性，增加工作的动力。

（3）列出完成目标可能遇到的挑战。团队目标要想激发团队成员的潜力，就必然是在目前条件下完成存在一定难度的团队目标。因此，在设计目标时，就将完成目标可能会遇到的种种挑战都列出。

（4）估计达成目标所必需的协作条件。考虑完成这些目标需要哪些人配合。比如一次软件展示活动，首先应赢得信息产业对软件的支持，还需要新闻媒体在这方面做一些软性报道，这些工作都需要不同的团队成员来完成。

（5）确定目标完成日期。确定完成目标的最后期限。

总而言之，对团队目标达成一致并获得承诺，建立目标责任是团队取得成功的关键。

9.2 团队组织架构：各就各位，各尽其职

不管是哪家公司、哪个团队，都有属于自己的组织架构。架构上的每个组成部分都是团队中不可或缺的，少了任何一个这个架构都会崩塌，任何一个组成部分不尽职，都会影响整个团队的运作。

9.2.1 产品总监

产品总监是指企业产品的负责人，也是一个运营团队的总负责人。他直接向企业 CEO（首席执行官）或者行政总裁负责，是企业的高级执行人员，其直接下属是 PM（产品经理）。

1．产品总监的岗位职责

产品总监的岗位职责包括以下几个方面：

（1）根据市场调研的结果进行产品策略制定与实施。

（2）负责掌握产品的市场销售情况，对产品的生命周期进行分析和判断。

（3）负责管理产品的生命周期。

（4）制定企业品牌的发展战略，监督实施并控制执行进度。

（5）充分掌握市场情况，包括竞争对手的产品策略，并针对具体情况提出应对方案。

（6）负责带领团队研发新产品并制定新产品的市场营销策略。

（7）对产品与品牌营销策略的实施效果进行判断，并对之做出有效改进。

（8）协调产品部门的人员流动以及产品的相互协调。

（9）负责产品部门的日常管理工作。

（10）完成领导交给的其他工作。

2. 产品总监应具备的能力

产品总监的责任是负责企业产品运营与品牌建设，掌握着企业的生命线，所以产品总监的能力如何直接决定了企业或产品未来的发展。一名优秀的产品总监必须具备以下能力：

（1）需求捕捉能力。市场需求决定了产品的发展方向，一名优秀的产品总监应该实时把握市场需求导向，捕捉市场需求。市场需求来源于以下几个方面，如图 9-3 所示。

图 9-3 市场需求七大来源

（2）产品创新能力。创新是一家企业维持生存的动力源，更是一款产品的生命原动力，产品创新能力可以大大提高产品的市场竞争力。因此，对于一名优秀的产品总监来说，创新能力是必不可少的。

（3）商业转化能力。能够为产品策划出能盈利、可持续发展的商业模式，让产品为企业盈利。

（4）战略策划能力。产品总监需要为产品制定合适的战略规划，让产品朝着既定的方向发展。

（5）技术理解能力。当产品从概念转化为实物时，需要技术人员开发实现，产品总监需要向技术人员解释产品定义，这就要求产品总监对技术有一定的理解力。

（6）沟通判断能力。产品总监需要和不同部门、不同工作人员沟通，因此需具备极强的沟通谈判能力及沟通技巧。

（7）执行管理能力。从提出产品概念到完成产品销售的过程中涉及的每个环节都需要不同部门、不同人员之间的协调配合，产品总监负责管理和监督他们的工作，因而需要具备极强的执行管理能力。

9.2.2 用户体验设计师

要了解用户体验设计师，首先就要了解一下什么是用户体验设计。用户体验设计的含义很广泛，包括各种设计，如 UI、交互、视觉、听觉、工业设计等。一般互联网产品的用户体验设计师指的是 UI 和交互设计师，但在技能与个别要素上，用户体验设计师的标准要比 UI 和交互设计师高。

1．用户体验设计师的职责

用户体验设计师的职责主要包括以下几项内容，如图 9-4 所示。

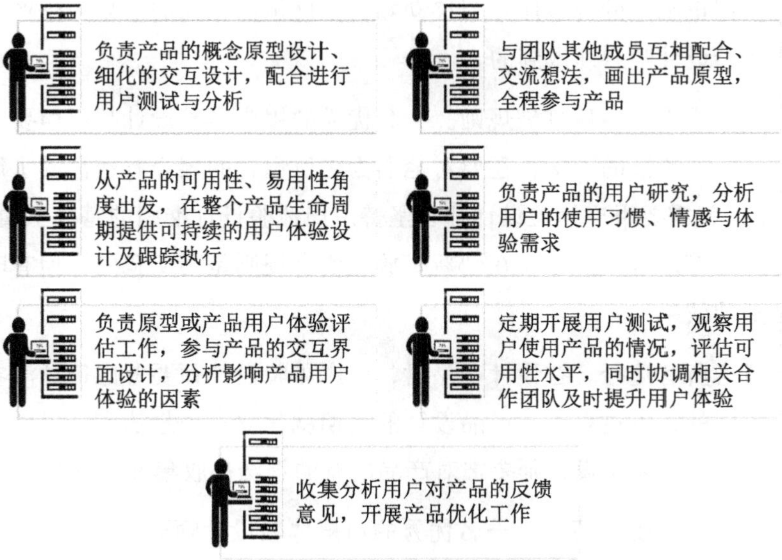

图 9-4 用户体验设计师需要负责的工作

2. 用户体验设计师应具备的8个习惯

（1）倾听用户。用户体验的第一步并且贯穿始终的是：走出去搜集各种不同的数据，懂得倾听用户的声音。通过用户画像对用户进行深入理解并挖掘出他们使用产品的深层动机。在采访潜在用户时，重点体会他们与产品之间进行交互时自然流露出的情绪状态。

（2）发现趋势而不是模式。在以往的互联网产品设计中，用户体验设计师可以从网上找到包含流程、视觉、模板等类别的开源库，并从中找到创意设计灵感。不过产品要实现火爆，就需要具备一种潜在的主流设计，能在未来的发展中变成趋势。这并不是一件简单的事情。但是，好的用户体验设计师就能做到这一点。在创意阶段，理解设计趋势可以帮助用户体验设计师更快、更准确地进行产品评估，并帮助产品远离成为下一个千篇一律的产品。

（3）为任务而设计，而不是为屏幕。从屏幕界面的角度来考虑，构思一个APP并不是很难，所有的产品设计师都能做到。不过，要想让产品成为像微信一样的爆品，对产品进行更深入的思考才是关键，而这就需要用户体验设计师来完成。比如对用户体验的深入思考，用户体验设计师检验从电脑端向移动端设备间的界面转换时，移动端的互联网产品在较狭窄的范围里必须采用触控交互和内容。不可能直接把电脑端的内容压缩到移动端，并展示出相同的效果与生产力。而这就是用户体验设计师必须做到的。

（4）学习规则，然后打破规则。一名优秀的用户体验设计师不但要对用户体验准则有全面、精准的了解，还要对他们为之所设计的媒介有透彻的了解。而要做到这一点，就需要用户体验设计师在坚持用户体验设计准则的基础上懂得变通，因情况适时地打破规则。尽管在创新时放弃所有规则是不明智的，但有时却能收到意想不到的效果。

（5）考虑所有途径。在设计产品时，用户体验设计师要考虑每种潜在的想法是几乎不可能的，不过可以在产品设计的早期就建立一个想法库，以便于后期的修改。因此，用户体验设计师要把对产品所有的想法都收集并存储起来。

（6）理解真实生活情景。一名优秀的用户体验设计师要时时考虑这些问题：离开屏幕会如何？用户与产品交互的理想体验如何？同时，用户体验设计师不要期望用户可以在一个完全不被打扰的环境中使用你的产品，所以，要从大环境来考虑产品的设计。在设计时，需要尽量简化并能应对干扰。依据真实生活情景设计产品有几个准则，如图 9-5 所示。

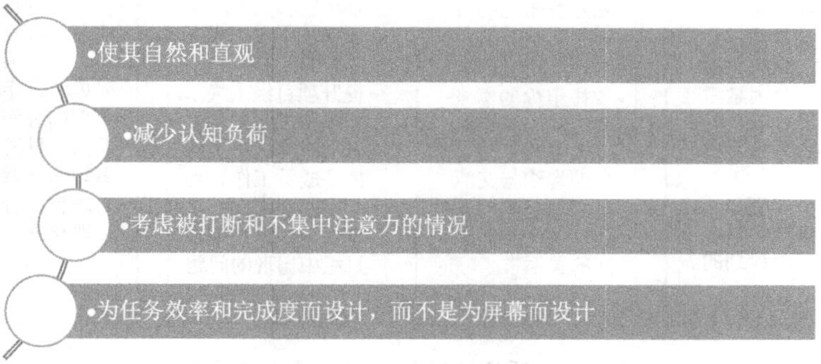

图 9-5 依据真实生活情景设计产品的四大准则

（7）为失败做准备。互联网产品是需要不断更新迭代的，任何产品都不可能一开始就是完美的、成功的。好的用户体验设计师要为系统的不完美运作做好充分的准备，不断地优化产品设计的失败之处。

（8）紧跟潮流。世界是在不断发展的，用户的需求也在不断变化。用户体验设计师要保持阅读、调研的习惯，紧跟潮流，这样设计出来的产品才能获得用户喜爱。

9.2.3 项目管理人员

产品总监完成产品定义后，开发团队承接项目，开始着手产品的开发。项目管理的核心任务是制订计划与跟踪进度。项目管理工作常常由不同的角色承担，有可能是专职的项目经理，也有可能是开发经理兼任，更有可能是产品总监直接负责。这通常取决于公司的文化和项目的规模。如果是开发规模较大的互联网产品，则一般由经验丰富的专职项目经理负责管理。

1．项目管理人员的职责

以项目经理为例，其主要职责可以从 4 个方面来划分，如图 9-6 所示。

计划	组织	领导	控制
•项目范围、质量、时间以及成本的确认 •项目活动的标准化与规范化 •根据项目范围、质量、时间与成本的综合因素考虑，进行项目的总体规划与阶段计划 •获得上级领导、客户方及组织成员对各项计划的认可	•组织产品运营所需的各项资源 •设置项目组中的各种角色，并分配好各角色的责任与权限 •制订内外沟通计划 •安排组内的需求分析师、客户联系人等角色与客户的沟通与交流 •处理项目组与其他项目干系人之间的关系	•保证项目组目标明确且对目标的理解一致 •保持好项目组的开发环境和氛围，保证项目不受其他方面影响 •提升项目组士气，加强项目组凝聚力 •合理安排成员工作，使各成员工作达到一定的饱满度 •及时发现和处理项目组中出现的问题	•保证项目在预算成本范围内按规定的质量和精度达到项目目标 •在项目生命周期的各个阶段，跟踪、检查项目组成员的工作质量 •定期向公司领导汇报项目进度与遇到的难题 •对项目进行配置管理与规划

图 9-6　项目经理职责的 4 个分类角度

2．项目经理应具备的核心技能

一名优秀的项目经理，除了需要具备大家所熟知的各项能力，如关注细节、把握流程、时间管理，还有一些技能常常被人忽略但同样重要。这些技能决定了一位项目管理者到底是止步于优秀，还是真正堪称杰出。这几项关键技能如下：

（1）管理资源冲突。不管项目所在企业的规模有多大、拥有多大的资源，都会遇到特定资源的分配冲突问题。互联网产品运营项目经常被限制于成本、技术能力、时间周期以及可用人员数量等问题。此时，项目经理需要有能力做出最准确的决定，能用科学的方式分配有限的资源，推动项目的积极发展。

（2）熟悉各种不同类型的技术平台 / 方法。对于互联网产品项目经理来说，熟知与产品及应用程序开发、设计、构建和交付相关的标准化方式是必备技能之一。

（3）关注业务战略与敏捷性。项目经理需要在了解用户与市场反馈的前提下，进一步掌握市场的实时变动与内部战略调整。项目经理在转变灵活性方面要有出色的表现，面对不断变化的市场，能够适当处理业务优先级问题。

（4）准确评估风险。无论什么样的项目，风险都是切实存在且无法避免的。因此，项目经理应有能力通过对风险的优先级评估排序，将风险控制到最低。

9.2.4　运维人员

互联网产品通常运行在服务器上，用户通过 Web 访问产品。而运维人员就负责保证服务器的正常运行。虽然有些公司是由开发人员负责这项工作的，但是运维工作需要很专业的技能，很难由开发人员单独完成。

1．运维人员的工作职责

运维人员的工作职责包括产品从设计到发布、运行维护、变更升级及至下线的整个生命周期。

（1）产品发布前。这个阶段运维人员的职责是参与设计并把关运维准入，其主要职责如图 9-7 所示。

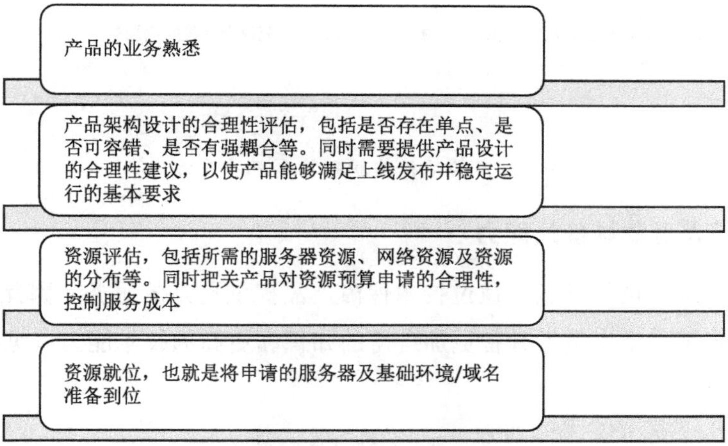

图 9-7　产品发布前运维人员的职责

（2）产品发布。这个阶段运维人员负责发布具体工作，将各种资源整合形成产品并对外提供服务。对于已经在线的产品的更新也属于发布范畴，此时的产品发布需要保证在线发布，同时在不中断对外服务的情况下完成产品升级。

（3）产品运行维护。这个阶段的主要职责如图 9-8 所示。

（4）产品性能 / 成本优化。产品最重要的就是用户体验，如何用最合理的资源支持产品提供更好的用户体验，也是运维人员的重要工作之一。

（5）产品下线。互联网产品快速迭代，因此存在不少孵化产品最终被淘汰的情况。这些产品都需要进行线下处理，此时运维人员就需要做好资源回收工作。

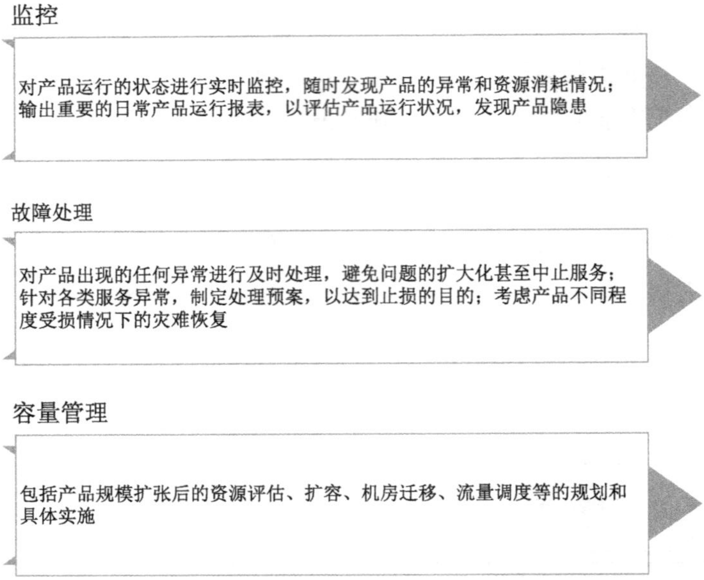

图 9-8　产品运行维护职责的三个角度

2. 运维人员需具备的能力

技术是运维人员的基础，通过技术保障产品提供更好的服务。因此，运维工作的职责决定了运维人员需具备更加广博的知识和更高的技术能力（见图9-9）。

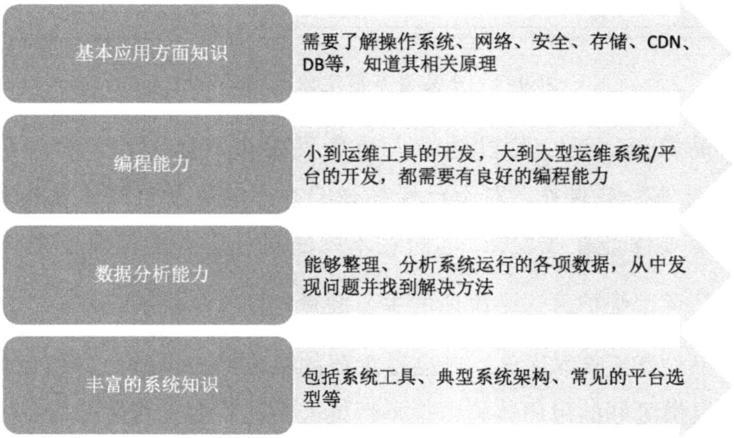

图 9-9　运维人员需具备的四大能力

9.2.5 产品营销人员

产品营销人员负责对外发布、宣传产品，为拓展市场销售渠道、组织重点营销活动、促进产品销售提供技术支持。产品营销人员的能力高低在一定程度上决定了产品的品牌传播速度及用户获取量。

1．产品营销人员的职责

产品营销人员的职责主要包括以下 5 个方面，如图 9-10 所示。

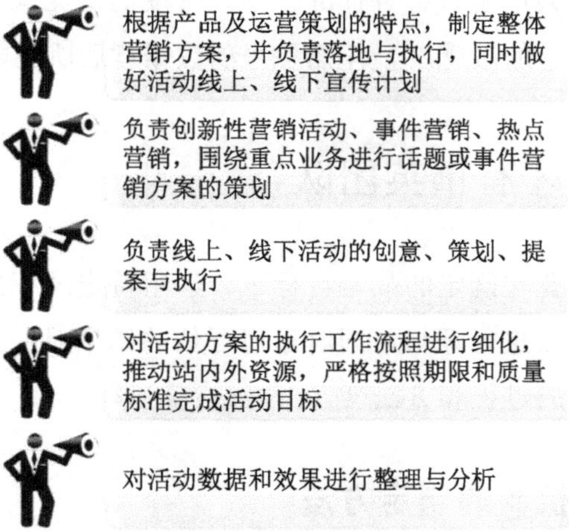

图 9-10　产品营销人员的职责

2．产品营销人员需具备的能力

（1）沟通能力强，口才好。产品营销人员首先需要具备的就是沟通能力，只有经过多方沟通与通力合作，才能做好产品营销活动。

（2）文案能力强。做活动，策划是骨架，设计是包装，文案则是灵魂与肉体的结合。活动文案在一定程度上决定了活动成败。好的文案可以引发话题，甚至形成病毒式传播。就像聚美优品的“我为自己代言”。

（3）高审美且符合定位。审美对于一名产品营销人员来说至关重要。在大多数情况下，一场活动是由产品营销人员主导和把控的，所以高审美是产品营销人员的必备素质。除此之外，产品营销人员的审美观还需要符合产品的定位，这样设计出来的活动才能够真正打动用户。

（4）有想象力、创造力、洞察力。在互联网时代，没有什么是不可能的。因此，产品营销人员要懂得把庞大的信息量吸收进来，并借此发挥自己的想象力与创造力。想到别人想不到的，创造别人没做过的新意活动。

（5）懂营销、抓热点、找渠道。做好活动的关键就是能将其广而告之，所以产品营销人员的营销能力至关重要。什么是营销？简单地说就是找渠道，如百度竞价推广、微信和微博推广。除此之外，要懂得抓热点，进行借势营销。

（6）对数据敏感，并善于分析总结数据背后的意义。数据复盘是活动营销的后期工作，一场活动会产生各种各样的、不同维度的、庞大的数据信息。产品营销人员要对数据有足够的敏感度，并熟悉每项数据背后所代表的意义。

9.3 有考核，才有精英团队

绩效考核是指企业在既定的战略目标下，运用特定的标准与指标，对员工的行为及获得的工作业绩进行评估，同时运用评估的结果对员工将来的工作行为和工作业绩产生正引导的过程和方法。

9.3.1 绩效考核机制的制定方法

通常情况下，绩效考核机制的制定有以下几种方法（见图9-11）。

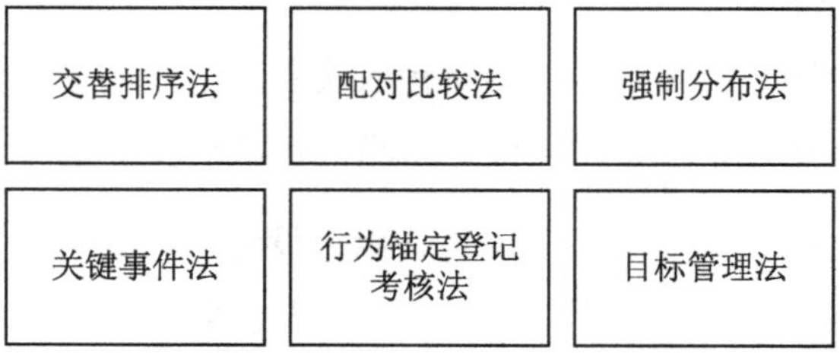

图9-11　绩效考核机制制定的六大方法

1．交替排序法

这是一种比较常用的排序考核方法。其原理就是在群体中挑选出最好或最差的绩效表现者，对其进行绝对考核。因此，交替排序的方法就是分别挑选，列出最好的与最差的，然后挑选出第二名和倒数第二名。这样依次进行，直至将所有的被考核人员完全排列为止。最后以优劣排序作为绩效考核的结果。

2．配对比较法

这是一种更为细致的通过排序来考核绩效水平的方式，其特点是对每个考核要素进行人员间的两两比较和排序，所有被考核者都在每个要素下获得了充分的排名。

3．强制分布法

强制分布法在考核前就设定好绩效水平的分布比例，然后把员工的考核结果逐一填写到分布结构中。

4．关键事件法

这是一种通过员工的关键行为和行为结果来对其绩效水平进行考核的方法。一般由主管人员将其下属员工在工作中表现出来的各种行为事件记录下来，然后在考核时点上与该员工进行一次面谈，根据记录与之共同讨论，最后对其绩效水平进行考核。

5．行为锚定登记考核法

这是基于对被考核者的工作行为进行观察、考核，从而评定绩效水平的一种方法。

6．目标管理法

这是现代企业采用最多的一种方法。在目标管理法中，每个员工都有确定的要完成的指标，它们的完成情况可以作为评价员工的依据。

9.3.2　绩效评估的原则

在进行绩效评估时，有几项原则是需要遵守的，这样制定出来的考核机制才能获得员工的认可，评估出来的结果才能让员工心服口服（见图 9-12）。

图 9-12　绩效评估的五大原则

原则一：公平。这是确立和推行人员考核制度的前提。不公平，就无法发挥考绩应有的作用。

原则二：严格。考绩不严格，就会成为一种形式主义，形同虚设。考绩不严格，不仅不能全面地反映员工的真实情况，还会产生消极的现象。考绩的严格性包括三个方面：一是明确的考核标准；二是严肃认真的考核制度；三是严格的考核制度与科学而严格的程序及方法。

原则三：单头考评原则。对于各级员工的考评，都必须由被考评者的直接上级进行。因为直接上级最了解被考评者的实际工作情况，也最能反映真实情况。间接上级对直接上级做出的考评评语不应擅自修改，但可以对其考评结果做出适当的调整。单头考评明确了考评责任所在，并且让考评系统与组织系统相统一，对于经营组织的指挥机能起到了加强作用。

原则四：结合奖惩。根据考核的结果，应该依据工作成绩的大小、好坏，奖惩分明，而且这种奖惩要与精神激励相联系，不能单纯依靠物质激励。只有这样，才能达到考绩的真正目的。

原则五：反馈。考评的结果一定要反馈给被考评者本人，否则就无法起到考评的教育作用。在反馈考评结果时，应当向被考评者就评语进行解释说明。

9.3.3 运营团队绩效考核应注意的指标

每家企业、每个部门、每个团队都有属于自己的考核机制，它们的考核制定方法和原则是大致相同的，但考核的指标是不同的。一般来说，运营团队的KPI考核本身并没有什么明确的目标，而且其KPI考核根据不同的公司文化、不同的产品特征，都有不同的考核侧重和内容。例如，电商运营团队的KPI指标会偏向于交易数据，比如交易额、销售指标等；而社交运营团队的KPI考核则侧重于用户留存和活跃度等。

1. 量化指标

(1) UV/PV数。UV数主要来源于导流，会对这个指标产生影响的还有用户的培育与留存。该数据一般由产品和运营同时负责。

（2）支付转化率。用户在支付流程中的体验会对支付转化率产生直接影响。当然，内容本身的影响也不容忽视，如电商行业产品的质量、评论等。

（3）用户投诉与咨询数。用户只有在产品使用过程中遇到问题时才会投诉。因此，企业要考虑如何在产品设计上避免用户投诉，其实也就是将产品的体验做到完美。

（4）用户停留时长。不同的行业对用户停留时长有不同的衡量标准，企业可以根据自身的情况来定。

（5）跳出率 / 退出率。一般情况下，用户使用流程中内容对用户的引导与关注会对跳出率 / 退出率产生影响。

（6）用户留存率。涉及运营策略对潜在流失用户进行唤起，或者产品内容的本身对用户的吸引力。

2．非量化指标

（1）需求的准确性。虽然所有的互联网公司都在强调拥抱变化，但是运营团队需要保障需求的准确性，降低变更频率。这应该是一个运营团队的底线与坚持。这一点一般针对的是产品经理。

（2）产品项目可执行性。产品项目是否具备可执行性也是评判一个运营团队的标准。这一点一般针对的是产品经理或项目经理。

（3）文档撰写的严谨与详细。运营团队的工作也是需要向上级报告的，文档撰写的水平也是考核一个团队的专业程度或用心程度的标准。

这些都是非量化指标，每家企业对非量化指标的制定也是不同的，可根据企业自身的情况进行选择。

10

理论技巧需验证，有案例才有人信

10.1 【社交】微博运营核心：明星、粉丝、互动

10.2 【自拍】美拍运营核心：女性、美颜、短视频

10.3 【搜索】搜狗运营核心：查询功能、搜索提示、微信公众号

10.4 【打车】滴滴运营核心：便捷、补贴、支付

10.5 【电商】唯品会运营核心：名牌折扣、限时抢购、正品保障

10.6 【支付】支付宝运营核心：网购、移动、场景覆盖

10.7 【视频】芒果 TV 运营核心：自制、独播、网台联动

10.8 【直播】一直播运营核心：明星、公益、平台支撑

每个人对案例都有不同的看法。有人认为案例是包含问题或疑难情境在内的真实发生的典型事件，也有人认为案例是研究者感兴趣的一类事件中的一个实例。其实不管是哪种观点，理论、技巧都是通过现实案例总结出来的，再好的理论和技巧，如果没有现实案例的验证，那就是“纸上谈兵”。

10.1 【社交】微博运营核心：明星、粉丝、互动

如今的新浪微博显然已经无敌，成为名副其实的寡头产品。那么，新浪的微博团队又是如何将之运营到如今的地位的呢？

其实，微博的运营核心很简单，就三个词：明星、粉丝、互动。

1. 微博＋明星

打开如今的微博，可以发现几乎是明星（名人）的天下。几乎稍微有点知名度的人都开了微博。为什么微博会这么受明星的青睐？

首先，这和微博庞大的用户量有莫大的关系。根据企鹅智库2016年的用户调查报告，有53.1%的用户在微博上关注明星账号，这也是微博相对于其他社交媒体最不可超越的地方——用户与明星的关系极近。其次，营销成本低、效果好。明星随便发一条微博，就随时能够登上微博热搜榜，获得众多用户的关注，甚至还会因为用户的高度关注而登上各大媒体门户网站，可以说是最省时、省力的宣传自己的方式。而且微博的社交属性也容易让明星与粉丝拉近距离。除了国内的大小明星，就连国外的明星也纷纷在微博开设了账号，如霍金、莱昂纳多·迪卡普里奥，他们一进驻微博，就立刻引来用户的关注。

2. 微博＋粉丝

所有的事物都是相辅相成的，明星因为微博的用户量和庞大的营销效果而进驻微博，而微博也因为明星和名人吸引了不少新用户，甚至众多的忠实用户。现在微博人气最高的是湖南卫视女主持人谢娜，她的微博粉丝有8000多万人，足见明星对粉丝的吸引力（见图10-1）。同时还可以保证这些粉丝的忠实性，只要明星一天不离开微博，其粉丝就不会离开。多数明星每天都会在微博上发布博文，粉丝就会进行转发、评论、点赞，充分保证了微博的活跃度。

图 10-1　谢娜微博粉丝

新浪微博的产品运营团队当初正是看到了明星与用户对微博所起到的作用，所以在和腾讯微博、网易微博竞争时，就把运营的重心放在了邀请明星上。现在我们打开微博依然可以发现，微博把明星作为自己的运营核心，纷纷开设了明星头条、明星超级话题、明星权力榜等。

3．微博 + 互动

前文有述，明星之所以喜欢开设微博，是因为它能与粉丝进行亲密的互动，拉近与粉丝的距离。其实这就表明，互动性才是微博运营的核心。微博的深互动性可以给明星、给企业带来巨大的营销机会，而且是成本极其低廉、回报却极大的机会。

互动性让微博的营销价值得以体现，主要体现在三个方面（见图 10-2）。

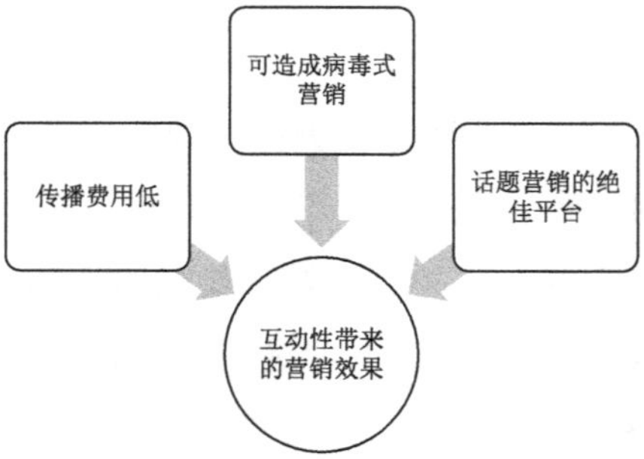

图 10-2　互动性带来的营销效果

(1)传播费用低。在微博上发表博文,几句话、一张图片就可以构成营销信息，制作简单，无须任何成本，而且用户转发微博也无须付出任何费用。因此，只要是用户感兴趣的，用户都乐意转发。微博的运营团队一直把低成本传播作为自己的运营核心。

(2) 强互动性可造成病毒式营销。病毒式营销是一种通过公众将信息廉价复制，告知其他公众，使营销信息像病毒一样在公众间迅速扩散的传播策略。微博的庞大用户量以及强互动性让企业的病毒式营销得以开展。微博用户通过关注与被关注形成一个庞大的传播网络，加之舆论领袖、各大明星、各类大 V 对信息起到的推波助澜作用，以及微博用户转发信息的快捷，企业要在微博上进行病毒式营销并不困难。这也是各大企业开设官方微博的原因之一。

(3) 话题营销的绝佳平台。微博的简便性、即时性、互动性等特征决定了微博天生是传播热门话题的绝佳平台。历年的《中国社交类应用用户行为研究报告》显示，关注和参与新闻热点话题是用户使用微博的主要功能之一。企业可以借势热点话题，发布植入营销信息吸引用户关注、参与和转发；也可以自建话题，与用户进行互动。

互动性给微博带来了极强的营销性质，而这也是明星、企业选择使用微博的主要原因。因此，自微博建立以来，其运营团队一直把“互动性”作为微博运营的重中之重，不断地打造新方案、新功能，使微博的互动性更强。

总而言之，微博之所以能运营得如此成功，不外乎三点：明星 + 粉丝 + 互动。

10.2 【自拍】美拍运营核心：女性、美颜、短视频

2014 年 6 月 20 日，在 App Annie 最新发布的 5 月应用指数中，美拍荣登“非游戏类 iOS 榜单”全球下载量第一位，成为全球 iOS 应用商店最热门的 APP。美拍之所以能在 App Annie 中表现得如此出色，就是因为它运营的独特之处。那么，美拍的独特运营核心到底是什么呢？其实很简单，就是女性、美颜、短视频。

1. 美拍 + 女性

圈住女性用户是美拍运营的第一个要点。众所周知，女性是一个庞大的消费群

体，圈住女性用户也就等于圈住了商机。在美图市场上，女性更是一个庞大的手机拍照群体，任何摄影摄像应用，女性用户都占据了绝大多数份额。有了庞大的用户量，再有了高使用率，紧随其后的分享、社交与导购等一系列商业活动就水到渠成了。

美拍的女性用户大多是90后，90后女性比其他年龄层的女性更爱自拍，喜欢把自己的照片放在QQ空间和微信朋友圈中。美拍刚好满足了爱好自拍的90后女性的需求。

美拍把女性作为用户运营的核心，不只是因为其本身，还有一点，就是能带动广大男性用户。美女自拍社区向来是男性常去的地方，而美拍的美女自拍社区更是吸引他们的重社区之一。

2. 美拍＋美颜

在各大软件不断更新变革的今天，美图软件也在不断地发生变化：从最原始的调光调色、风格变化，到人像高级美容、美肤滤镜，再到后来的边框海报、直接应用到社交平台，还有近期推出的美容秘籍等编辑功能（见图10-3）。美图软件这些功能的变化只有一个目的，就是为了满足女性的爱美之心。美拍作为美图秀秀旗下的产品之一，天然具备美图秀秀美颜基因，美拍的美颜功能受到用户的高度评价。

图10-3　美图软件的各种编辑功能

Photoshop软件也可以美化图片，但是为什么不被大众所接受？其实原因很简单，Photoshop 需要用到的技术太高，一般人不懂得操作；而美拍的美颜功能之所以会受到用户的高度评价，一个很重要的原因就是“傻瓜式”操作，人人都会，甚至可以自动帮助用户美颜。

3. 美拍 + 短视频

美拍的一大特色也是其获得成功的主要原因就是短视频。2016 年 6 月 4 日，美拍在两周年庆典上发布了一组数据：UGC 视频总数达到 5.3 亿，日人均观看时长达 40 分钟。

美拍的短视频之所以这么受用户欢迎，就是因为美拍抓住了用户爱美的心理。虽然只是一个很简单的心理，但却锁定了大部分人群，因为视频的展示要比图片更加生动和具体，而且拍摄和编辑视频的乐趣也比图片更多。美拍的拍摄虽然是“傻瓜式”的，但是效果很好，用户很容易感受到拍摄带来的乐趣。

视频的展示是全方位的，不像照片那么平面与单一。用户在拍摄视频时会更加个性化，更追求效果，也更追求内容的高质。美拍的短视频可以把剪辑、滤镜、水印、音乐、高清画质这五大要素融合成 MV 效果，把视频处理所有复杂的后期工作变成一键式的简单操作。用户操作简单，视频效果佳，观众爱看，这就是美拍的短视频大获成功的原因。因此，美拍成立两年以来，一直把短视频体验的优化工作作为重中之重。

美拍的产品运营核心首先是围绕女性，然后围绕女性开发美颜功能，最后以美颜功能为基础设置短视频，让以往复杂的视频编辑工作变得简单、高效。这就是美拍运营的成功之道。

10.3 【搜索】搜狗运营核心：查询功能、搜索提示、微信公众号

搜狗搜索是搜狐公司于 2004 年 8 月 3 日推出的全国首个第三代互动中文搜索引擎。搜狗搜索是中国三大搜索引擎之一，致力于中文互联网信息的深度挖掘，帮助中国上亿网民加快信息获取速度，为用户创造更多的价值。

相比于百度，搜狗搜索是后来者，虽然起步较晚，但发展极为迅速。通过有别于百度搜索的运营方式，搜狗搜索发展了一批忠实用户。

1．搜狗搜索＋查询功能

特有的分类主题一体化查询功能是搜狗搜索的首要运营核心，用户可以通过分类网站按主题查询。这种查询方式就像图书馆分类方式的主题目录。搜狗分类目录先按主题分为16个大类目，再进一步细分为二级、三级子类目。搜狗的专业编辑把所有的中文网站资源整理后组织起来，然后按照不同的主题放在相应的目录下，最后形成搜狗网站的分类目录体系。

用户通过目录查找得到的100多条信息都是经过搜狗专业编辑审核确认后推荐的，信息量虽然较小，但是精确度高。通过关键字搜索得到的结果就是互联网上与关键字相关的网站信息，信息量较大，但相关性比较差。

现在的用户普遍缺乏耐心，希望能用最短的时间获取最精准的信息，他们没有时间也厌烦去打开与搜索目的无关的信息。搜狗搜索正是抓住了用户的这个心理，因而把分类主题一体化查询功能作为自己的运营重点。

2．搜狗搜索＋互动式搜索提示

搜狗在中文领域率先推出了搜索提示，即当用户输入一个查询词时，搜索引擎尝试理解用户可能的查询意图，给予多个主题的搜索提示，引导用户更快速、精准地定位到自己所要搜索的目标。这种与用户的对话交流有效地提高了搜索相关度。比如用户搜索“视频”一词，搜狗就会快速地将视频可能出现的主题继续分类，比如视频播放器、视频下载、视频制作等，用户点击自己所需的类别就可以轻松得到答案（见图10-4）。

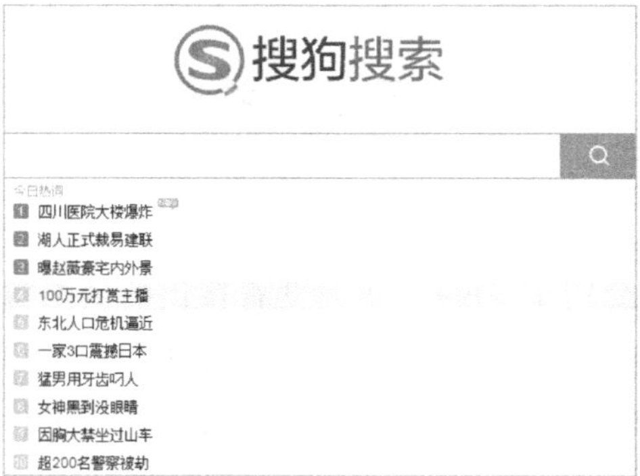

图10-4　搜狗互动式搜索提示

3．搜狗搜索 + 微信公众号

自腾讯入股搜狗搜索之后，微信可以说是搜狗搜索的一大特色。之前的分类、互动式搜索，其他搜索引擎都可以做，而且可能做得更好，唯有微信搜索是其他搜索引擎所不具备的。搜狗搜索专门设置了微信页面，用户可以通过搜索引擎搜索到目标公众号的所有文章，输入关键字还可以搜索到所有在公众号里发表的相关文章。微信公众号现在是自媒体信息的主要来源，很多专业人士、企业都开设了公众号发表文章。以往想要获取微信公众号里的文章，只能在手机微信上搜索；如果想要查看一个公众号上的所有文章，则只能一页一页地翻，很费时。搜狗搜索则彻底解决了这个问题。特别需要关注的是，微信公众号的文章一般都是独一份的，其他搜索引擎搜索不到。

10.4 【打车】滴滴运营核心：便捷、补贴、支付

打车软件的出现改了传统的路边拦车的打车方式，利用移动互联网的特点，将线上、线下相融合，从打车初始阶段到下车使用线上支付车费，建立和培养出大移动时代下引领的用户现代化出行方式。经过多年的市场博弈，滴滴出行可以说独占鳌头，其他的打车软件已很难与其竞争。

1．滴滴出行 + 大数据

大数据可以说是滴滴出行获得成功的关键点，因此，从一开始，滴滴就把大数据的收集作为运营的重中之重。

目前，滴滴平台上每天都能产生超过 50TB 的数据，也就是每天一个人看了 5 万部电影，进行了超过 90 亿次路径规划。2015 年，滴滴出行平台完成 14.3 亿次订单，这代表着中国每个人都使用了一次滴滴打车；累计行驶里程达 128 亿千米，这相当于一个人开着车环绕行驶中国 29 圈；累计行驶时间达 4.9 亿小时，相当于 24 小时不间断行驶 56 000 年。

依靠这些大数据，滴滴出行完成了 ETA、路径规划、实时路线、匹配时间等高难度工作，为用户提供了绝佳的体验感。

2．滴滴出行 + 体验驱动

为了完成滴滴出行的运营战略，实现多业务的协同，满足供给侧的需求，滴

滴在“体验驱动”上下了不少功夫。

每款互联网产品都看重体验，滴滴的服务不是虚拟服务，而是用户每天都实用化的，其中涉及的环节非常复杂，而且每个环节都会涉及大量的问题。体验渠道包括技术、产品和设计。与技术相关的是交易引擎，因此滴滴在运营时要把握的是如何把人与车匹配在一起，这是滴滴核心的竞争力。产品连接了技术与商业，产品包含的方面非常多，可以理解为从用户打开 APP 开始，到行程结束后发表评价，整个流程中的每个细节都是产品需要关注的。比如，如果 APP 打开页面速度慢，那么用户的体验感肯定非常不好；又如，付款还需要输入验证码，那么用户肯定会厌烦；再如，评价还需要重新打开一个页面，用户肯定就懒得评价了。所以，滴滴出行的运营核心之一就是把产品每个环节的体验做到极致。

3．滴滴出行 + 补贴

滴滴出行早期的用户形成靠的就是补贴策略，不管是用户还是司机，都能获得强大的补贴。滴滴出行的补贴策略让用户得到了比打出租车更便宜的价格，让司机获得了比开出租车高出许多的收入。红包优惠券是滴滴最常用的补贴策略，打完车后，用户只要分享到朋友圈，就可以获得金额不等的优惠券。早期的优惠券高达 200 元，快车、专车都有，这种高强度的优惠政策让用户非常乐于分享。随着分享的不断扩大，滴滴出行的用户也就越积越多（见图 10-5）。

图 10-5　滴滴优惠券

10.5 【电商】唯品会运营核心：名牌折扣、限时抢购、正品保障

唯品会是一家特卖网站，2008 年 12 月正式上线，2012 年 3 月 23 日在美国纽约证券交易所上市。其从 2013 年开始就一直持续盈利。目前，唯品会拥有用户数 5000 多万，合作品牌近万个，其中独家合作品牌有 1000 多个。能在众电商巨头的压力之下走出自己的一片天，不得不说这与唯品会独特的运营核心定位有着紧密的联系。

1. 唯品会 + 名牌折扣

唯品会上线初期主要从事奢侈品电商，从欧洲采购奢侈品运回国内销售，而广州当地的太太团用户则是唯品会最初的用户，客单价上万元是很正常的事，但是在用户成长空间上却缺乏动力。因此，唯品会迅速调整了运营定位，转向更多的本土品牌。

2. 唯品会 + 限时抢购

限时抢购也被称为闪购，是以互联网为媒介的 B2C 电子零售平台，以限时特卖的方式，定期推出知名品牌的商品。一般以原价 1 ~ 5 折的优惠售卖，每次售卖时间持续 3 ~ 5 天，先到先买，限时限量，售完即止。唯品会采用的正是这种模式，每天早 10 点晚 8 点都有品牌上新，新品 1 ~ 5 折不等，包含国内外大牌，每次售卖时间为 3 ~ 5 天，商品一旦售完就不再补货（见图 10-6）。唯品会以限时抢购为运营核心，抓住的就是用户的急迫以及错过就没有的可惜心理。用户在这种限时限购的刺激之下，就会在第一时间抢购自己看中的产品，从而有效提高了用户的购买率。

3. 唯品会 + 正品保障

唯品会所有售卖的商品都是从正规品牌商处进货的，并与品牌签订战略正品采购协议。此外，唯品会严格把控供应商的审核机制，营业执照、组织机构代码、税务登记证、生产许可证以及产品质检报告缺一不可，同时与太平洋保险合作，为用户购买的每件商品提供正品保障。唯品会之所以要把正品保障作为其运营核心之一，就是因为抓住了用户对网购产品缺乏信任的心理。唯品会

给用户提供各种正品保障措施，让用户提高对自身产品的信任感，增加购买率和客单价。

图 10-6　唯品会限时抢购

10.6 【支付】支付宝运营核心：网购、移动、场景覆盖

在中国的第三方在线支付领域，支付宝称得上第二，也还未有人敢称第一。支付宝在中国的影响力已无须多说。那么，支付宝是如何运营才获得如今的霸主地位的呢？研究、关注这个问题的人不少，他们都有着不一样的答案。总的来说，不外乎三点：网购、移动、场景覆盖。

1. 支付宝 + 网购

支付宝之所以能迅速拓展市场，与淘宝分不开。淘宝是网上购物平台，因为网购不是传统的面对面交易，所以存在交易的诸多风险。此时就需要一个第三方担保交易平台来做中间人，于是支付宝就应运而生。比如用户在淘宝上买了东西，钱先从用户的支付宝账号打到卖家的支付宝账号中，并没有直接到卖家的手里。等用户拿到产品，确认没有问题后，才把钱从支付宝转到卖家账户；如果用户认为产品不好，退货成功后，支付宝就会把钱转回到用户账户中。这种方式可以说有效保证了用户的财产安全。

支付宝是依托淘宝而生的，淘宝的发展也离不开支付宝，二者是相辅相成的。淘宝的网购用户越多，支付宝的用户也就越多；淘宝发展得越迅速，支付宝也就发展得越迅速。淘宝现在的规模已无须多言，而支付宝的初始用户都来自淘宝。

淘宝对支付宝的重要性不言而喻，因此支付宝在运营之初就把重心放在如何使网购支付更便捷、更安全上。从淘宝上，支付宝看到了网购对自身发展的重要性。因此，除了淘宝本身，支付宝也在努力拓展其他电商渠道，现在基本上所有的电商网站都可以使用支付宝支付。

2．支付宝 + 移动

数据显示，2015 年移动支付宝的支付比例占据支付宝整体支付的 65%。这个数据证明了支付宝从 PC 端向移动端运营核心的转变。支付宝为什么要把运营核心放在移动端呢？

2013 年年底，支付宝启动了 PC 端转账收费、移动端转账免费的业务平移策略。支付宝这么做的目的是将 PC 端的业务流量逐步转向移动端，利用移动端的力量实现用户黏性的增强和交易量的爆发。

一方面，支付宝提供的服务从需求的角度来看具有极强的普遍性，用户量极为庞大，因此，增加这些服务可以让支付宝用户获取的潜在空间瞬间扩大；另一方面，此类交易具有周期性和高频性，比如每月都要缴纳电费和水费，转账更是较为频繁的日常行为，所以，在此基础上更容易形成较强的用户黏性。支付宝的 PC 端支付已经在市场上普及，形成了大量的用户基础。因此，把支付从 PC 端移至移动端，更容易获得用户的认可。而且现在是移动互联网时代，手机应用、4G 网络、Wi-Fi 应用极为广泛，其功能已不亚于 PC 端。而且手机的移动性、便携性更容易引发用户的支付行为。

3．支付宝 + 场景覆盖

支付宝移动支付的出现，让支付的场景不仅出现在网购环节，在线下的任何场景，只要满足一定的条件，都可以实现支付。因此，更加广阔的线下市场成为支付宝发展的重要目标，这也是支付宝目前的核心运营战略方向。

在向线下拓展的过程中，支付宝聚焦于目标用户群集中、普适性强的高频线下场景。从 2013 年到 2016 年年底，支付宝已经完成了购物中心、便利店、自动售货机、各类实体店等线下场景的全面覆盖。其中，购物中心因为电商冲击，需要快速实现转型，同时这些地点人流量大，用户购物需求明确，而商户与用户的移动支付需求非常明确；线下实体店、自动售货机等场景，年轻用户集中，与支付宝的用户特征相匹配，便捷、优惠的需求明确；打车应用覆盖用户空间大，属于高频场景，容易实现广泛的市场影响力与较高的用户忠诚度和黏性（见图 10-7）。

图 10-7　支付宝各种场景覆盖

10.7 【视频】芒果 TV 运营核心：自制、独播、网台联动

2016 年，网络视频行业蓬勃发展，各家网站争奇斗艳。芒果 TV 作为视频行业的后来者，在独播、自制、版权购买上全面发展，在综艺、电视剧、晚会直播等方面也取得了不小的成绩。2016 年，全网日均活跃用户突破 4000 万人、日均 VV 破 1.6 亿，位列艾瑞行业前五。

芒果 TV 的成功与其独特的运营核心分不开。芒果 TV 依靠湖南自制特色、湖南台独播策略、湖南卫视与芒果 TV 的网台联播，成功地在视频行业占领一席之地。

1．芒果 TV+ 自制

自制是芒果 TV 运营的重点，芒果 TV 自制剧集已初具规模：2014 年 11 月

1 日，《金牌红娘》正式上线，该剧的播出代表芒果 TV 网络自制剧正式进入工业级影视制作时代；2014 年 12 月 24 日，《搭讪大师》上线，当晚点击量就突破百万次，证明其自制剧已初步获得用户的认可；2015 年 1 月 28 日，《花样江湖》上线，成为中国首部综艺古装剧；精品儿童剧《学童进击》发布仅 10 天，点击量就已突破 3000 万次。2016 年，芒果 TV 除了在自制剧上继续发力，还把重点放在了自制综艺上。《明星大侦探》、《超级女声》、《爸爸去哪儿》、《黄金单身汉》等都获得了不少用户的喜爱（见图 10-8）。

图 10-8　芒果 TV 自制综艺《黄金单身汉》

2．芒果 TV+ 网台联动

芒果 TV 的特别之处就是有湖南卫视作支撑。芒果 TV 也属于湖南广电旗下产品，可以优先获取湖南卫视的节目。芒果 TV 成立第二年就采取了独播模式，湖南卫视所有的综艺节目只在芒果 TV 播放。湖南卫视多年来一直是各大卫视之首，其制作的综艺不乏现象级的节目，比如《爸爸去哪儿》、《我是歌手》等。还有从 1997 年上线到 2016 年已经播出 19 年的王牌节目《快乐大本营》以及从 2008 年上线到 2016 年播出近 10 年的《天天向上》，这两档节目是湖南卫视的镇台之宝，虽播出多年，但收视率一直名列前茅。芒果 TV 拥有它们的独播权，自然能将这些节目的粉丝吸引过来。

芒果 TV 网台联动的另一个好处就是，一般电视台播出的节目，视频网站要等到晚上 10 点以后更新，而芒果 TV 在节目播出后就会马上更新，做到了无缝连接。那些不方便观看电视的用户，就无须熬夜等到 12 点才能观看这个节目。

3．芒果 TV+ 创新

芒果 TV 的成功当然不仅仅依靠王牌综艺和电视剧，创新才是芒果 TV 成功的关键因素。芒果 TV 秉持着湖南广电人的创新本色，不断完善自身自制能力，不断创新自制内容、丰富平台多元内容，为平台带来高流量。在每一次的节目制作与创新中，芒果 TV 都致力于打造从内容到形式都深具互联网特色的网生 IP（见图 10-9）。

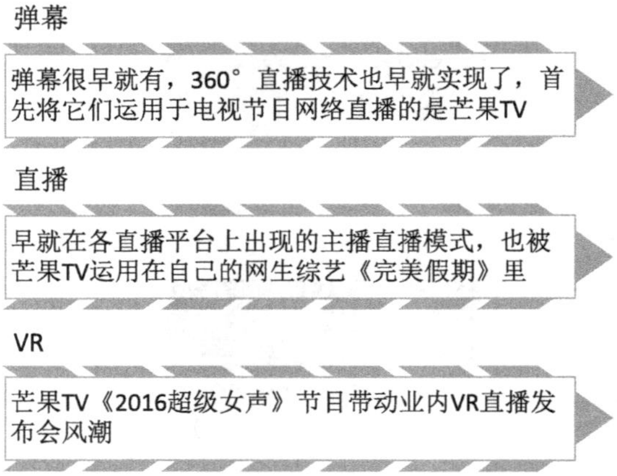

图 10-9　芒果 TV 的创新点

10.8 【直播】一直播运营核心：明星、公益、平台支撑

2016 年是直播的最热元年，据不完全统计，截至 2016 年 4 月，国内直播平台的数量已经达到 116 个，说视频直播已经进入“百播大战”并不为过。然而，在此情此景之下，直播软件的同质化现象也越来越严重。在这种情况下，一直播却能脱颖而出，迅速成为直播行业的领头者之一。它又是如何做到的呢？

1．一直播 + 明星

一直播上线不久，就吸引了大批明星前来捧场，不下百万的明星纷纷在一直播上与用户互动。可以说，一直播之所以能迅速打开市场，与其明星效应分不开。每天都有明星出没的一直播正成为新一代的追星神器，“不差明星”的一直播也在众多粉丝间快速聚集自己的人气。在如今厮杀激烈的直播行业，一直播借助其独特的明星资源闯出一片天。韩国明星宋仲基直播 9 分钟观看数就达到 107.5 万，直至 16 分钟结束，就吸引了 736.5 万人观看、3714 万点赞。仅凭这组数据，就能够表明明星到底给一直播带来了多少粉丝效应。

2．一直播 + 公益

一直播一上线，就开创了“直播明星 + 公益”的新公益模式，发起“爱心一碗饭”活动，成为国内第一个直播公益联盟。

2016 年 8 月，一直播与时尚芭莎共同发起“画出生命线”公益直播活动，李冰冰、贾乃亮、刘亦菲、唐嫣等 140 余位明星参加了此次的公益直播。2016 年 9 月 9 日，一直播独家直播芭莎慈善夜，共筹集捐款 424.7 万元。

公益已经成为一直播的常态板块，一直播打造长期公益活动“直播益小时”，发动全民参与公益（见图 10-10）。明星的加入让全民参与成为可能，实现了公益效益的最大化。如今，一直播已经打造出独有的直播公益品牌，一个公益壁垒也就此形成。

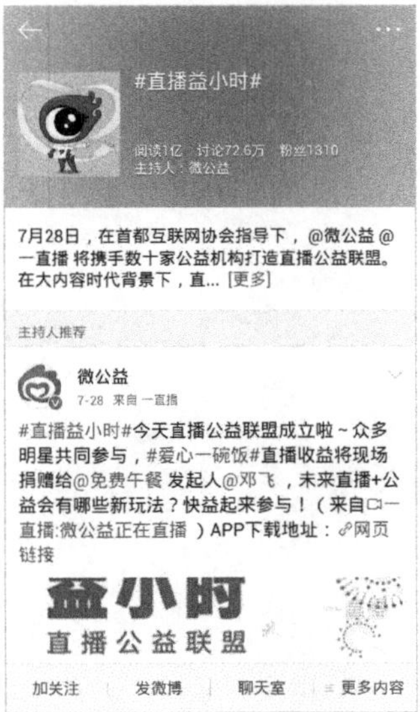

图 10-10　直播益小时

3. 一直播 + 平台支撑

一直播直接嵌入微博，成了微博的直播功能。这让后来者的一直播在混乱的直播江湖中获得了较高的起点。新浪微博的每日活跃用户是1.2亿人，这些用户成了一直播最好的支撑。为什么一直播要嵌入微博当中？因为市面上的直播APP大同小异，功能、页面都差不多。在这种情况下，运营和平台知名度非常重要，而直接嵌入微博，给一直播的导流和知名度带来了至关重要的帮助。用户直接在微博直播处点击一直播就可以进行直播，无须把粉丝拉到自己的平台上，这为一直播节省了很多宣传推广的费用。而且微博本身是明星聚集地，在邀请明星时就有了天然的优势。这些都给一直播带来了不小的帮助。